DER LÄCHERLICH EINFACHE LEITFADEN FÜR GOOGLE APPS (G SUITE)

EIN PRAKTISCHES HANDBUCH FÜR GOOGLE DRIVE, GOOGLE DOCS, GOOGLE SHEETS, GOOGLE SLIDES UND GOOGLE FORMS.

SCOTT LA COUNTE

RIDICULOUSLY SIMPLE BOOKS

ANAHEIM, KALIFORNIEN
www.RidiculouslySimpleBooks.com

Inhaltsverzeichnis

Haftungsausschluss: Bitte beachten Sie, dass dieses Buch, obwohl alle Anstrengungen unternommen wurden, um die Richtigkeit zu gewährleisten, nicht von Alphabet, Inc. unterstützt wird und als inoffiziell gilt.

EINFÜHRUNG

Es besteht die Möglichkeit, dass Sie als Word- und Office-Benutzer aufgewachsen sind. Vielleicht waren Sie ein Rebell und haben Ihre Herde für OpenOffice, oder, wie ich sagen möchte, WordPerfect, verpflichtet - aber für die Mehrheit der Menschen war unser Leben loyal zu Microsoft.

Im Jahr 2005 entwickelte ein kleines kleines Startup namens Upstartle etwas damals Unbekanntes: eine webbasierte Textverarbeitung namens Writely. Es war der Wegbereiter der Idee, auf der "Cloud" zu schreiben und veränderte die Art und Weise, wie die Menschen über die Textverarbeitung denken.

Google bemerkte den kleinen Emporkömmling, und 2006 erwarben sie das Unternehmen. Die Software wurde aufgegeben und in das umgewandelt, was heute jeder als Google Docs kennt. Es unterbrach die Branche - nämlich die Microsoft-Industrie.

Heute verfügt Google über eine ganze Reihe von Produktivitätsanwendungen; von Dokumenten bis hin zu Tabellenkalkulationen können Sie so ziemlich alles aus der Cloud heraus erledigen. Microsoft und Apple haben alle große Anstrengungen unternommen, eigene Cloud-basierte Umgebungen für die Büroproduktivität zu schaffen, aber

Google hat die Idee entwickelt, und seine kollaborative Online-Umgebung macht es schwer zu schlagen. Es ist so funktionsreich geworden, dass viele Unternehmen es für die bevorzugte Art und Weise halten, Geschäfte zu tätigen.

Wenn Sie darüber nachdenken, den Wechsel zu Google vorzunehmen, oder den Wechsel bereits vorgenommen haben, aber sicherstellen möchten, dass Sie ihn richtig verwenden, dann wird dieser Leitfaden Sie durch ihn führen. Es zeigt Ihnen alle grundlegenden Funktionen, um sicherzustellen, dass Sie so schnell wie möglich mit der Bedienung beginnen können.

Lasst uns anfangen!

TEIL 1: GOOGLE-LAUFWERK

DER GOOGLE DRIVE CRASHKURS

Warum ist es kostenlos?

Sie fragen sich wahrscheinlich: "Wenn es so toll ist, warum ist es dann kostenlos? " Sie verschenken keine tolle Software kostenlos, oder? Es muss einen Haken geben! Es gibt immer einen Haken! Nehmen sie Ihre Daten und verkaufen sie auf dem Schwarzmarkt? Erstens, nein! Zweitens, nicht jeder ist darauf aus, dich zu kriegen, also beruhig dich einfach!

Das Google, das Sie kennen, gibt alle ihre Werkzeuge weg. Wie genau verdienen sie Geld? Spendet ein reicher Kerl jedes Mal einen Penny, wenn jemand "süße Katzenfotos" googelt? Definitiv nicht - niemand ist so reich! Google verdient Geld, indem es Anzeigen, Cloud-Services, Apps und eine Reihe anderer Dinge verkauft, die alle Milliarden von Dollar ausmachen.

Es gibt also Anzeigen in Google Docs? Nein! Alles geht auf das Geschäftsmodell von Google zurück. Im Gegensatz zu Microsoft, das versucht, Geld mit seiner Software zu verdienen, versucht Google, Geld mit seinem Service zu verdienen. Sie will, dass Schulen und Unternehmen ihre Enterprise Services nutzen.

Die Google Docs, die wir verwenden, sind kostenlos; aber für Unternehmen, die Dutzende von Mitarbeitern hinzufügen möchten, oder Schulen, die Hunderte von Schülern hinzufügen möchten, gibt es eine Gebühr.

Wenn Sie ein kleines Unternehmen sind, dann gibt es eine gute Chance, dass Sie sich wahrscheinlich mit der kostenlosen Version begnügen könnten. Plus, wenn Google das E-Mail-Konto Ihres Unternehmens verwaltet, dann bezahlen Sie bereits für den Service.

Google Drive Übersicht

Jeder Computer verfügt über einen "lokalen" Speicher, in dem alle Dinge (Dateien, Fotos, Dokumente) direkt auf dem Computer gespeichert werden. Windows-Computer haben File/System Explorer, Mac-Computer haben Finder und Google hat Google Drive - es ist das gleiche Konzept, an das Sie auf Ihrem Heimcomputer gewöhnt sind, aber es ist alles online.

Google Drive ist im Grunde genommen eine Online-Version eines Dateiverzeichnisses; was auch immer Sie in Google erstellen, es ist hier gespeichert - denken Sie daran, wie die Google-Version von DropBox. Tatsächlich können Sie hier auch Dateien speichern - Fotos, Videos, PDFs - was immer Sie wollen.

Um zu beginnen, gehen Sie zu drive.google.com. Wenn Sie nicht bei einem Google-Konto angemeldet sind, werden Sie von einem schönen Bildschirm begrüßt, der ein wenig wie der untenstehende aussieht:

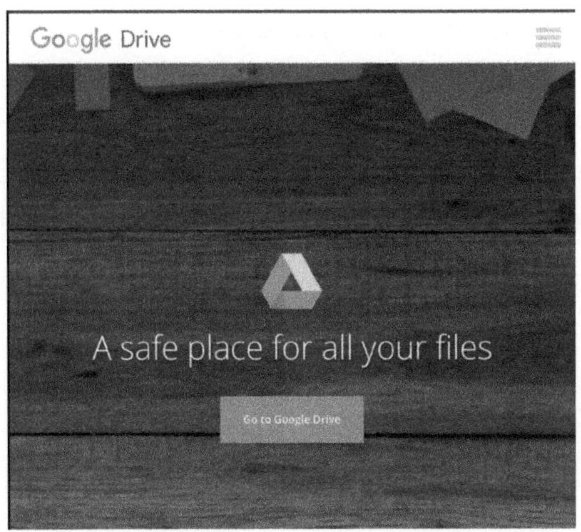

Klicken Sie auf die blaue Schaltfläche "Go to Google Drive" und Sie sehen eine Option, die wie folgt aussieht:

Obwohl die Nutzung von Google Docs kostenlos ist, benötigen Sie ein Google-Konto, um es zu nutzen. Das ist also der Haken, oder? Kostenlos zu nutzen, aber Sie müssen bezahlen, um ein Google-Konto zu erhalten? Nein! Ein Google-Konto ist ebenfalls kostenlos. Wenn Sie Google Mail verwenden, dann haben Sie bereits eine und können sich damit anmelden.

Sobald Sie alle angemeldet sind, sehen Sie das Hauptmenü. Der Seitenbereich ist Ihre Haupt-navigation. Hier sehen Sie alle Ihre Ordner. Es ist wahrscheinlich gerade leer, es sei denn, Sie haben damit angefangen.

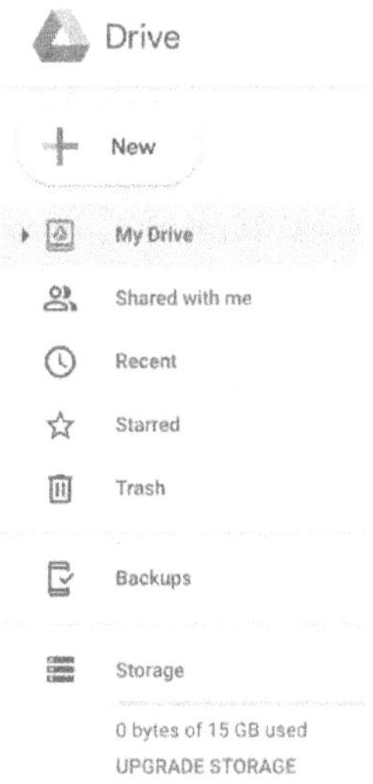

Zwei Dinge, die man hier beachten sollte:

1. Mit mir geteilt - wenn Leute Dokumente oder Ordner mit dir teilen, werden sie hier sein, es sei denn, Sie bewegen sie.

2. Mit Sternchen versehen - um Ihnen zu helfen, organisiert zu bleiben, können Sie Dokumente "mit Sternchen" versehen. Wenn Sie sie "mit einem Stern" versehen, befinden sie sich immer noch in Ihrem Hauptverzeichnis, aber sie sind auch hier.

Wenn Sie den grundlegenden kostenlosen Plan haben, haben Sie 15 GBs Speicherplatz. Das ist offensichtlich eine Menge. In Anbetracht der Tatsache, dass ein Dokument sehr klein ist, werden Sie wahrscheinlich nie mehr wollen - es sei denn, Sie verwenden Google Drive auch zum Speichern von Videos und Dateien oder zur Sicherung Ihres gesamten Computers.

Warum um alles in der Welt sollten Sie dafür bezahlen wollen, Ihren Computer in der Cloud zu sichern? Weil es überraschend günstig ist! Die folgenden Preise sind das, was Sie erwarten können - sie könnten steigen, nachdem dieses Buch gedruckt wurde, aber nicht viel, da sie für eine Weile so niedrig waren.

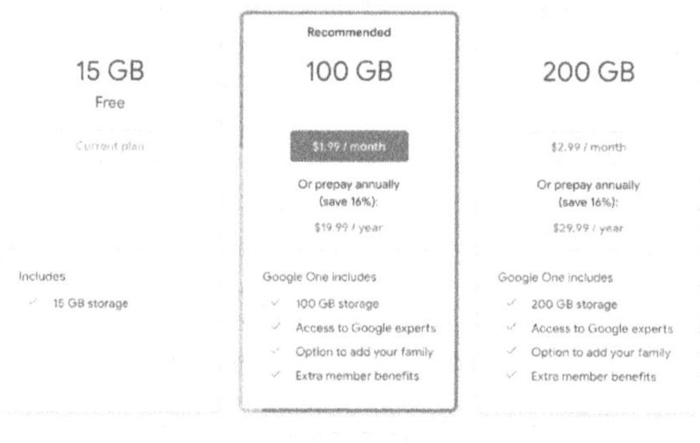

Die meisten Menschen haben etwa 200 GBs an Daten, die herumfliegen. Das bedeutet, dass Sie für weniger als ein Abendessen zu zweit im Olive Garden sicher wissen, dass Ihre Daten online geschützt sind!

Warum sollte man es online sichern? Aus zwei Gründen:

1. Was passiert, wenn Ihr Haus überflutet oder niederbrennt und Sie keine Zeit haben, Ihren Computer zu holen? Denken Sie an all die Erinnerungen, die Sie verlieren würden, die auf Ihrem Computer gespeichert sind.

2. Was ist, wenn Sie geschäftlich oder auf Familienreise unterwegs sind und wirklich ein Dokument benötigen? Es ist sicher online und Sie können jederzeit darauf zugreifen.

Wenn Sie Ihren gesamten Computer mit Google Drive sichern möchten, müssen Sie nur einige Software herunterladen, die Ihren Computer mit der Cloud synchronisiert. Das bedeutet, wenn Sie eine neue Datei speichern, geht diese Datei automatisch in die Cloud und Sie müssen nichts tun. Sie können auch auswählen, welche Ordner mit der Cloud synchronisiert werden sollen. Um die Software zu erhalten, gehen Sie zu der unten angegebenen Adresse:

https://support.google.com/drive/answer/2424368?co=GENIE.Platform%3DDesktDDl=en

Erstellen von Dateien und Dokumenten

Sobald Sie bereit sind, ein Dokument zu erstellen (z.B. ein Dokument, eine Kalkulationstabelle oder eine Präsentation), klicken Sie auf die neue Schaltfläche im linken Menüfenster:

Dies wird mehrere Möglichkeiten aufzeigen. Die drei wichtigsten Apps befinden sich am unteren Rand dieses Menüs, aber wenn Sie auf "mehr" klicken, sehen Sie einige der nützlichen, aber weniger verwendeten Google Apps (ich schaue mir Ihr Google Jamboard an!). Sie können dieses Menü auch aufrufen, indem Sie mit der rechten Maustaste in Google Drive klicken:

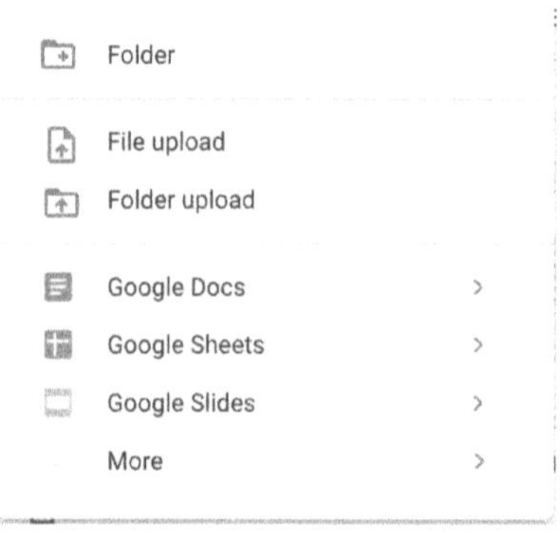

Hier können Sie auch Dateien von Ihrem Computer hochladen oder einen neuen Ordner erstellen.

Das Erstellen von Ordnern hilft Ihnen, organisiert zu bleiben. Sie können beispielsweise einen Rezeptordner, einen Schulordner oder einen Rechnungsordner haben - Sie können so viele Ordner haben, wie Sie möchten. Sie können auch Ordner in Ordnern erstellen (und Ordner in dem Ordner, den Sie gerade im Ordner erstellt haben - fahren Sie fort und finden Sie diesen Satz heraus....Ich warte!).

Es ist genau wie die Dateiorganisation auf Ihrem Computer.

Wenn Sie einen Ordner innerhalb eines Ordners erstellen möchten, können Sie entweder diesen Ordner öffnen und die neue Schaltfläche auswählen, oder Sie können mit der rechten Maustaste in diesen Ordner klicken und "Ordner" auswählen. "

Dateien mit einem Stern versehen und freigeben

Sobald die Dokumente erstellt sind, können Sie sie jederzeit mit der rechten Maustaste anklicken, um ein neues Menü zu öffnen, das nur für diese bestimmte Datei bestimmt ist. Sie können ihm einen Stern hinzufügen, ihn umbenennen, in der Vorschau anzeigen und natürlich freigeben.

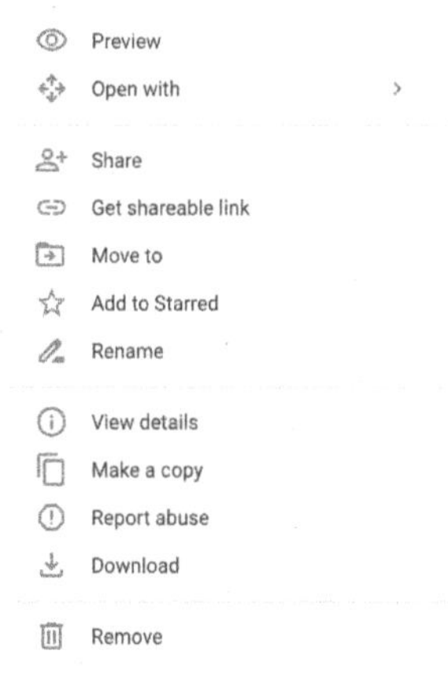

Sobald Sie auf "Get sharable link" (die Option zum Teilen einer Datei mit anderen Personen) klicken, werden Sie so etwas wie das sehen:

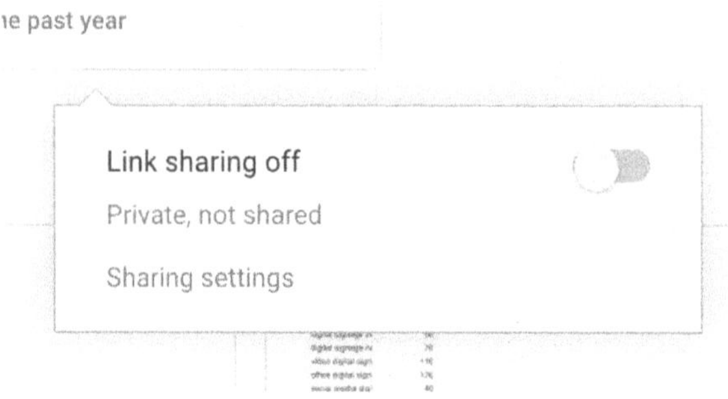

Wenn es weiß ist, wie oben beschrieben, wird es feststellen, dass die Freigabe deaktiviert ist. Um es einzuschalten, klicken Sie einfach auf das weiße Kästchen, und es wird grün und beachten Sie, dass die Freigabe eingeschaltet ist. Es gibt Ihnen auch einen Link zum Dokument.

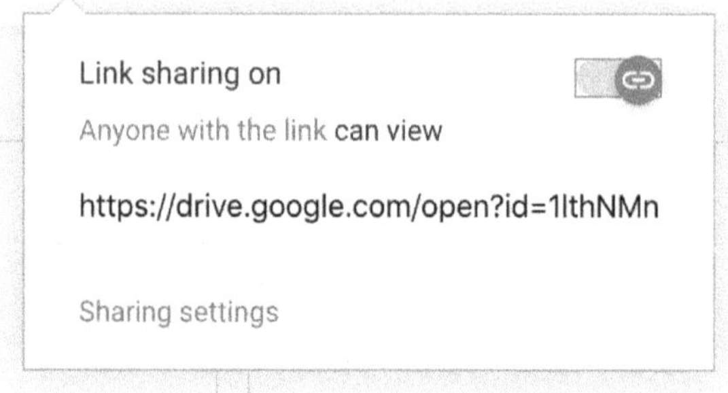

Wenn es eingeschaltet ist, handelt es sich standardmäßig um einen nicht-öffentlichen Link. Das bedeutet, dass der einzige Weg, wie jemand es finden wird, ist, wenn man ihm den Link gibt.

Wenn Sie auf "Freigabeeinstellungen" klicken, erhalten Sie ein paar weitere Optionen. Sie Können einer Person den Link mailen und sie auch zu einem Editor machen oder ihnen allen Zugang geben.

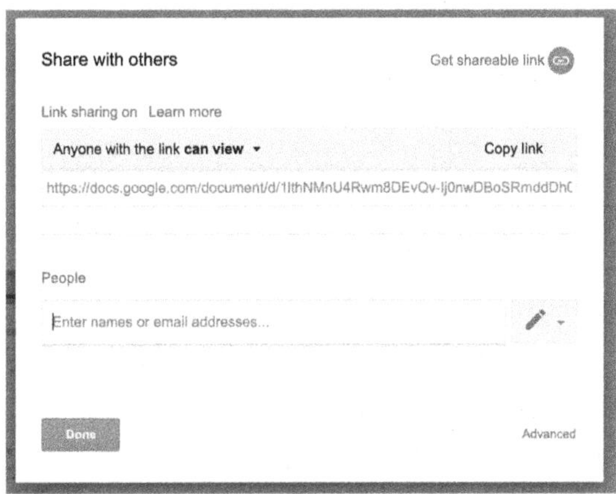

Klicken Sie auf die Dropdown-Liste "Jeder mit dem Link kann sehen" und Sie können den Zugriff verwalten, wenn Sie z.B. nur möchten, dass bestimmte Personen, die Sie per E-Mail senden, die Notiz sehen: Wenn Sie diese Option auswählen, müssen sie in einem Google-Konto angemeldet sein (das, das Sie im E-Mail-Namen in dem Feld darunter verwendet haben), um das Dokument zu sehen.

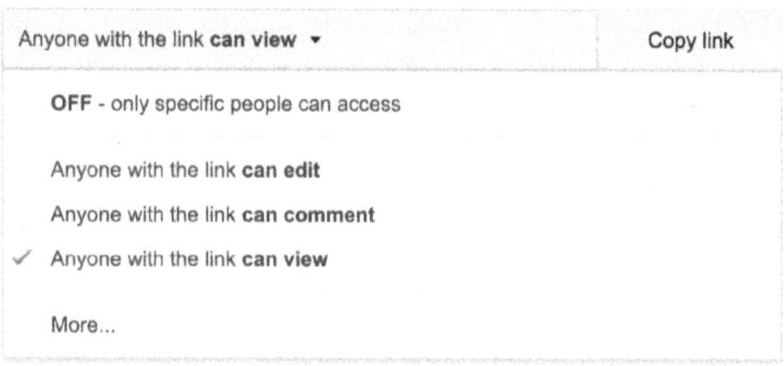

Wenn Sie "Mehr" wählen, haben Sie noch ein paar weitere Optionen. Einer davon ist, die Datei öffentlich zu machen. Das bedeutet, dass es für jeden bei Google durchsuchbar sein wird und die Leute es zufällig finden können - Menschen, die Sie nicht kennen - also ist es das Beste, wenn Sie Ihr Google Sheet nicht mit den Namen und Telefonnummern von "Menschen mit übermäßigem Benzinverbrauch" öffentlich machen.

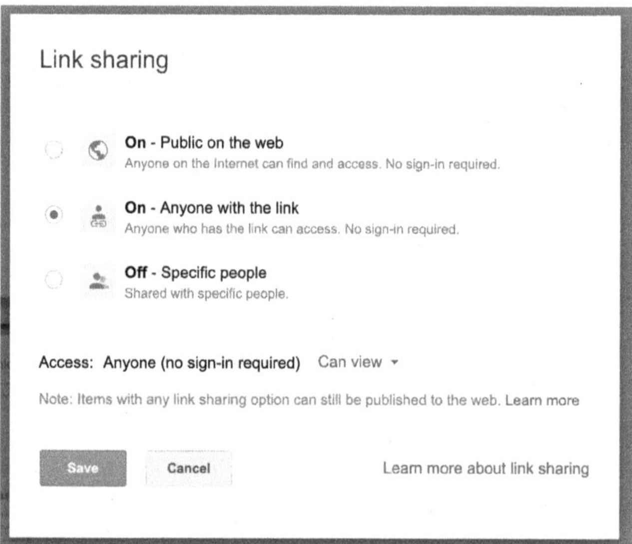

Dateien finden

Dateien sind ziemlich einfach zu finden, wenn Sie zum ersten Mal anfangen. Aber sie summieren sich schnell - besonders wenn Sie sie für Schule oder Beruf verwenden oder wenn Sie alle Dateien auf Ihrem Computer sichern.

Glücklicherweise hat Google eine Suchleiste, die bemerkenswert gut funktioniert - sie befindet sich direkt auf Google Drive. Sie müssen den Namen der Datei nicht kennen - Sie können nach dem suchen, was sich im Dokument befindet. Wenn Sie sich also nicht mehr daran erinnern können, wie Sie Ihr Google Doc genannt haben, aber Sie wissen, dass es die Zeile "Und deshalb liebe ich die konkurrenzfähige Hundepflege" hatte (ja, es ist eine Sache!), dann geben Sie einfach diesen Satz ein und es wird Ihr Dokument finden.

Wenn es zu viele Ergebnisse liefert - weil Sie offensichtlich unzählige wissenschaftliche Arbeiten zum Thema konkurrenzfähige Hundepflege geschrieben haben - klicken Sie dann auf den kleinen Pfeil neben der Suchleiste.

Dadurch wird eine erweiterte Suche angezeigt. Sie können nach Besitzern suchen, nach denen, die mit einem Stern gekennzeichnet sind, wann sie geöffnet wurden, welche Art von Datei es ist und vieles mehr. Sobald Sie alle Ihre Filter hinzugefügt haben, klicken Sie einfach auf Suche, und es werden in Sekundenschnelle Ergebnisse angezeigt.

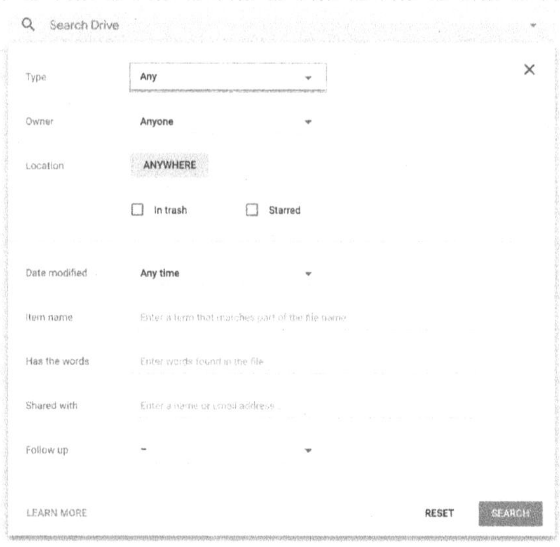

TEIL 2: GOOGLE DOCS

[1]

GOOGLE DOCS CRASHKURS

This chapter will cover:
- Why use Word?
- The Crash Course
- Getting Started

Soll ich das Wort wegwerfen und nie zurückschauen?

Bevor wir anfangen, lassen Sie uns über den Elefanten im Raum sprechen: Microsoft Word!

Macht Google Docs Word irrelevant? Es hängt wirklich vom Benutzer ab. Für die meisten Menschen kann Google Docs wahrscheinlich das erreichen, was Sie tun wollen.

Microsoft ist bezahlte Software, aber sie ist auch viel leistungsfähiger. Wenn Sie Makros ausführen oder E-Mail-Fusionen durchführen und andere erweiterte Funktionen benötigen, dann werden Sie wahrscheinlich bei Word bleiben wollen. Es gibt Add-ons für Google Docs, aber sie übertreffen einfach nicht das, was Sie in der Vollversion von Microsoft Word finden.

Wenn Sie nur einfaches Schreiben machen, dann ist Google Docs genau richtig. Wenn es um die Zusammenarbeit geht, ist sie mehr als nur gut; während Microsoft große Fortschritte gemacht hat, um die gemeinsame Nutzung und Zusammenarbeit in Word zu erleichtern, ist Google derjenige, der die Idee beherrscht hat. Google hat auch Plugins für Bearbeitungswerkzeuge wie Grammatik und macht einen großen Anstoß, um besser auf grundlegende grammatikalische Fehler zu reagieren.

Ich persönlich benutze Google Docs fast täglich, aber ich habe immer noch eine Kopie von Word auf meinem Desktop, und das ist es, was ich für meinen endgültigen Entwurf verwende. Sobald die Zusammenarbeit abgeschlossen ist, kopiere ich sie und füge sie in Word ein und mache alle Feinheiten.

Der Crashkurs

Bevor wir mit der Erstellung unseres ersten Dokuments beginnen, rede ich über die Hauptsymbolleiste von Google Docs. Wenn Sie jemals Word verwendet haben, dann werden Sie wahrscheinlich wissen, was die meisten von ihnen bereits tun. Wenn Sie jemals feststecken, dann hovern Sie über das Symbol und es wird Ihnen eine Beschreibung dessen geben, was es tut.

Die ersten beiden Symbole sind Ihre Undo, Redo-Symbole. Dadurch wird das, was Sie gerade eingegeben haben, rückgängig gemacht oder wiederhergestellt:

Als nächstes folgen Druck, Rechtschreibprüfung und Formatierer. Sie wissen wahrscheinlich, was die ersten beiden sind. Das letzte ist ein praktisches kleines Werkzeug; es kopiert das Format des Textes. Nehmen wir also an, ich habe einen Text, der fett gedruckt ist und 14 Punkte groß ist. Ich kann diesen Text markieren, den Farbroller auswählen und dann auf den Text klicken, auf den ich den Stil anwenden möchte. Sofort wird dieser Text in den gleichen Stil geändert.

Das 100% ist der Zoom. Wenn Sie herauszoomen möchten, um mehr (aber kleineren)

Text auf dem Bildschirm zu sehen, dann klicken Sie darauf:

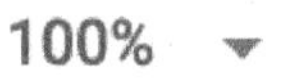

Schriften und Stil sind daneben. Hier können Sie den Stil (z.B. wenn es sich um eine Überschrift handelt), die Schriftfamilie, die Schriftgröße und wenn Sie fett gedruckt, kursiv gedruckt, unterstrichen oder die Farbe des Textes ändern möchten, auswählen.

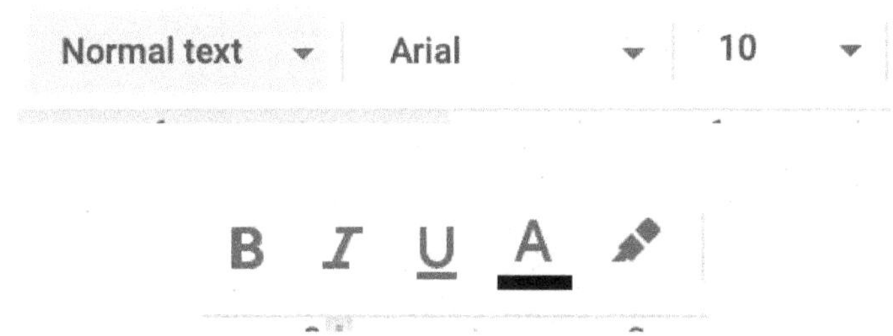

Die Einfügeoptionen sind der nächste Abschnitt. Dies sind alle Dinge, die Sie vielleicht in ein Dokument einfügen möchten. Dazu gehören ein Link, ein Kommentar und ein Bild:

Die Rechtfertigung ist daneben. Wenn Sie die Ausrichtung, die Mittelausrichtung oder den Zeilenabstand ändern möchten, verwenden Sie diese Optionen:

Wenn Sie eine nummerierte oder aufgegliederte Liste erstellen möchten, können Sie die nächsten beiden Symbole verwenden; daneben befindet sich die Einrückung:

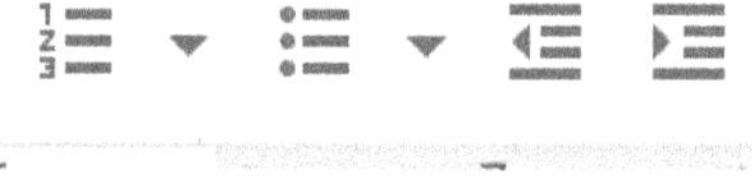

Wenn Sie eine Formatierung haben, die Sie zurücksetzen möchten, können Sie das untenstehende Symbol verwenden. Dies ist gut, wenn Sie Text aus dem Web kopiert haben und ihn auf die Standardtextgröße von Google Docs zurücksetzen möchten:

Die letzten beiden Optionen ändern die Anzeige eines Dokuments und blenden die Symbolleiste aus:

Das ist ein Überblick auf hoher Ebene. Diese Dinge werden mehr Sinn ergeben, wenn wir weiter-machen.

Erste Schritte

Okay, also wie genau verwenden Sie Google Docs? Es gibt mehrere Möglichkeiten, aber die schnellste ist, einfach drive.google.com ein-zugeben.

Sobald Sie Ihr Google-Konto haben, sind Sie bereit. Wiederholen Sie den obigen Schritt und das Browserfenster sollte eher wie das folgende aussehen:

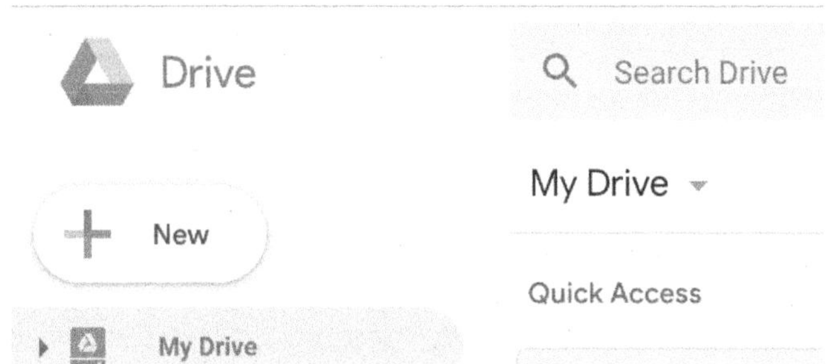

Docs glänzt wirklich durch seine Verbindung zu Google Drive. Alles, was Sie in Google Docs starten, wird automatisch in Ihrem Google Drive-Konto gespeichert - Sie müssen sich keine Sorgen machen, dass Sie durch Stromausfälle, Gerätekatastrophen oder wirklich nur durch ein anderes Szenario Arbeit verlieren. Änderungen werden während der Bearbeitung gespeichert, ebenso wie die verschiedenen Versionen Ihres Dokuments, so dass es leicht ist, bei Bedarf zu einem früheren Stadium eines Entwurfs zurückzukehren.

[3]

IHR ERSTES DOKUMENT

Erstellen des ersten Dokuments

Jetzt, da Sie Ihr Konto haben, lassen Sie uns ein Dokument erstellen. Klicken Sie auf die Schaltfläche "Neu" und fahren Sie dann mit der Maus über Google Docs; es gibt zwei Möglichkeiten: Schwarzes Dokument und Aus einer Vorlage. Wählen Sie zunächst "Von einer Vorlage". " Ich werde die Vorlagen etwas später behandeln.

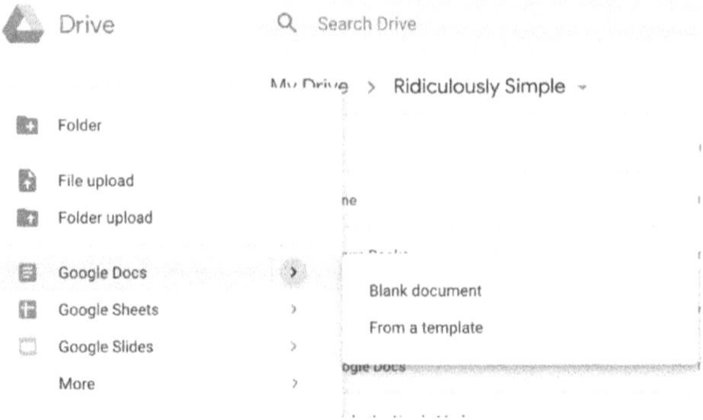

Dadurch wird eine neue Registerkarte geöffnet, und Ihr Google Docs-Editor wird angezeigt.

Wenn Sie ein Word oder Pages Benutzer sind, dann werden Sie erleichtert sein zu wissen, dass alles so konzipiert ist, dass es genauso funktioniert. Viele der Schaltflächen sehen identisch aus.

Also brauchen Sie dieses Buch nicht, oder?! Es gibt immer noch einen Unterschied, und damit werden wir die meiste Zeit in diesem Buch verbringen.

Lass uns etwas Spaß haben. Tun Sie so, als würde die Amerikanische Revolution im Jahr 2019 statt im Jahr 1776 stattfinden. Die Briten haben Geldstrafen für unsere geliebte Internetnutzung verhängt, und die Leute haben genug davon! Warum sollten Sie bezahlen müssen, um Videos von bezaubernden Welpen auf Skateboards zu sehen?

Michelle Obama ist die Anführerin der amerikanischen Kolonien. Sie arbeitet am ersten Entwurf einer Proklamation mit ihrem ersten Mann, Barack Obama.

Das erste, was sie braucht, ist ein Titel.

So benennen Sie Ihr Google Doc.

Schauen Sie in der oberen linken Ecke Ihres Google Docs-Editors nach. Sehen Sie sich das Textfeld mit der Aufschrift "Unbenanntes Dokument" an. "Das ist der Standardtitel von Google Docs. Klicken Sie darauf.

Sie können nun jeden beliebigen Titel durch Eingabe hinzufügen. Ich suche mir etwas sehr Originelles aus: "Die Unabhängigkeitserklärung", aber Sie Können sich alles aussuchen, was auch immer Sie wollen. Wenn Sie fertig sind, drücken Sie die Eingabetaste.

Beobachten Sie im Handumdrehen, wie sich die obere Leiste mit Ihrem neuen Titel ändert. Solange es den neuen Titel anzeigt, hat es funktioniert.

Brauchen Sie noch mehr Sicherheit? Schauen Sie rechts daneben: Es soll "Alle Änderungen gespeichert" stehen? Wissen Sie was?! Es wurde gerettet!

Es mag heute nicht mehr so revolutionär erscheinen, aber alles spart automatisch. Sie müssen nicht alle paar Sekunden STRG S drücken. Google speichert während der Eingabe. Wenn Sie der paranoide Typ bist, dann können Sie trotzdem manuell speichern.

Beginnen wir mit einer Schlagzeile für unseren Arzt. Lassen Sie uns verrückt werden und Corsiva, eine 18-Punkte-Schrift, verwenden. Sie leben ja nur einmal, oder?

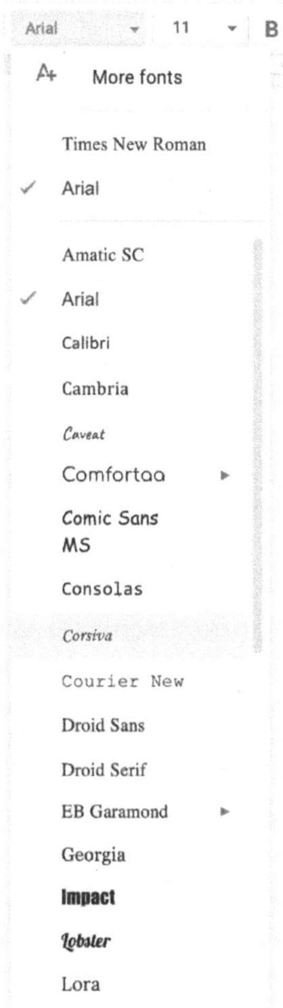

Das fühlt sich Ihnen hoffentlich vertraut an - es ist im Wesentlichen die gleiche Art und Weise, wie Sie es in anderen Dokumentenbearbeitungsprogrammen tun. Ich wette, Sie haben diese Art von Symbolleiste schon hunderte Male benutzt. Hier ist der Take away: Icons, die so aussehen, als würden sie in einer anderen App verwendet, neigen dazu, genau das zu tun, was sie in dieser anderen App gemacht haben.

Also schreiben wir den Titel und den ersten Absatz unserer Erklärung, dann schicken wir sie in einem Moment zur Überprüfung ab.

Bisher sieht alles gut aus, oder? Aber was passiert bei einem Stromausfall? Im Handumdrehen wird alles dunkel. Wie kommen wir dorthin zurück, wo wir aufgehört haben?

Öffnen eines gespeicherten Dokuments

Schließen Sie Ihren Browser. Stellen Sie sicher, dass Google Docs vollständig verschwunden ist.

Gehen Sie nun direkt zurück zu drive.google.com.

Wenn Sie sich nicht auf einem öffentlichen Computer (wie in einer Bibliothek) befinden, zeigt Ihnen Google alle von Ihnen erstellten Dateien an. Da es das Letzte war, woran Sie gearbeitet haben, sollten Sie die Unabhängigkeitserklärung ganz oben in der Schnellzugriffsliste sehen.

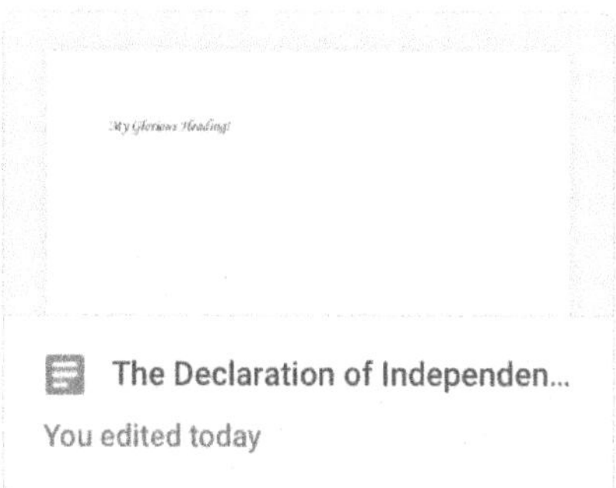

Wenn Sie gerade erst anfangen, wird es auch das einzige Dokument sein, das Sie sehen, und Sie können es unter dem Schnellzugriff aufrufen; es wird so "klein" aussehen:

Ich sage "wenig", weil Sie sich in der Listenansicht oder in der Gitteransicht befinden könnten. Wo ist der Unterschied? Die Listenansicht sieht wie die obige aus - sie gibt den Namen, den Eigentümer und die Bearbeitungszeit an. Die Rasteransicht ist eher eine Miniaturansicht des Dokuments, so wie hier:

The Declaration of Independ...

Beachten Sie, wie Autor und Zeit, die bearbeitet wurde, weg sind?

Was ist besser? Es ist eine Präferenz, aber wenn Sie mit Dutzenden von Dokumenten arbeiten, wird die Rasteransicht wahrscheinlich nicht ideal sein, es sei denn, Sie müssen Vorschauen sehen.

Um zwischen den beiden umzuschalten, klicken Sie auf diese Symbole in der oberen Ecke:

Liste ist die horizontale Linie, und Gitter ist die sechs quadratischen Felder.

Der erste Platz geht an Dokumente, die kürzlich bearbeitet wurden.

Wenn Sie auf "The Declaration of Independence" doppelklicken, öffnet sich diese in einer neuen Registerkarte. Es ist im Grunde genommen dasselbe wie das Öffnen eines Dokuments, das in Word gesichert wird - der Unterschied: Es ist in der Cloud.

Sie können auch mit der rechten Maustaste darauf klicken, um weitere Optionen zu sehen - eine davon ist "Öffnen mit" und Sie können sie öffnen, indem Sie auf Google Docs klicken.

Diese Option wäre nützlich, wenn Sie ein Chromebook haben, in dem andere Bearbeitungstools installiert sind und Sie nicht Google Docs verwenden möchten, um es zu bearbeiten. Damit es jedoch funktioniert, müssen Sie diese anderen Anwendungen installiert haben.

Sie Können das tun, indem Sie zum Chrome Extension Store gehen:

https://chrome.google.com/webstore/category/extensions

Dies ist ein Marktplatz für alle Dinge, die Chrome anbietet, und die meisten Erweiterungen (oder Apps) sind kostenlos. Stellen Sie einfach sicher, dass Sie Chrome verwenden - nennen Sie den Namen. Wenn nicht, können Sie die Seite immer noch sehen, aber Sie werden mit diesem subtilen Hinweis begrüßt:

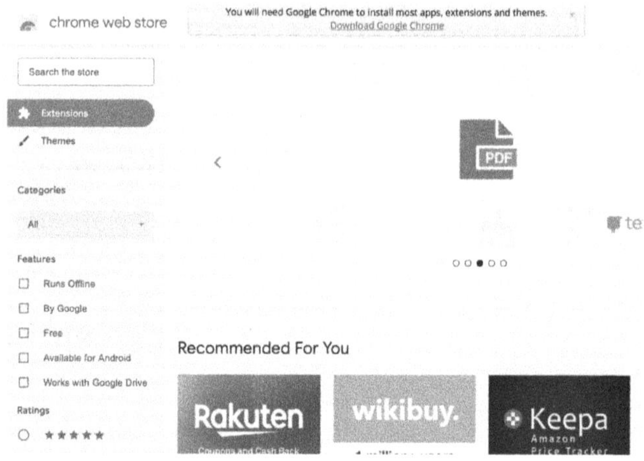

Wie die meisten Textverarbeitungs-Editoren heute, wenn Sie es auf einem anderen Gerät (z.B. Smartphone oder Tablett) öffnen, wird es ziemlich ähnlich aussehen. Alles, was Sie auf diesen Geräten ändern, wird das Dokument überall wiedergeben. Es ist alles in der Cloud.

Benutzer von mobilen Geräten (wie iPhones und iPads) können sehen, dass Google Docs eine native App benötigt, um Änderungen vorzunehmen, aber was ich in diesem Buch meine, ist in den Apps im Wesentlichen identisch.

Leider benötigen Sie für jede App, die Sie verwenden, eine eigene App. Sie müssen also die Google Drive App und die Google Docs App erhalten - und wenn Sie die Verwendung von Google Slides oder Sheets planen, müssen Sie auch diese Apps erhalten. Glücklicherweise sind sie kostenlos.

Auf Ihrem Gerät gibt es einen App Store, und dort werden Sie sie herunterladen - geben Sie einfach den Namen der App ein. Die Ausnahme hier sind Feuertabletten; diese Tabletten haben eine nicht so schöne Beziehung zu Google, auf die ich hier nicht eingehen werde. Google wird ihre Apps nicht in den App Store stellen, weil diese Beziehung nicht so schön ist. Sie Können sie immer noch installieren, aber Sie müssten etwas tun, das sich "Side Load App" nennt. "Das bedeutet im Grunde genommen, dass Sie die App auf eine SD-Karte herunterladen, die Karte in das Tablett legen und manuell installieren. Ich werde in diesem Buch nicht darüber sprechen, wie man das macht, aber wenn die Installation auf einem Fire-Gerät ein Muss ist, dann gibt es viele Tutorials dafür. Dies geschieht auf eigene Gefahr, da es vom Gerät nicht genau unterstützt wird.

[4]

TEILEN IST WICHTIG

So geben Sie Ihre Google Text & Tabellen weiter

Google Docs ist eine der einfachsten Möglichkeiten, um an einem Gruppendokument zu arbeiten.

Wenn zwei oder mehr Personen gleichzeitig ein Dokument bearbeiten, können Sie die Cursorposition dieser Person sehen und die Änderungen in Echtzeit verfolgen. Wenn Sie Bedenken haben, Arbeit zu verlieren, denken Sie daran, dass Google Docs den Versionsverlauf für Sie speichert, so dass Sie ihn bei Bedarf leicht wiederherstellen können. Klicken Sie auf Datei > Änderungshistorie anzeigen (oder drücken Sie STRG+ALT+Umschalt+G). Standardmäßig werden Revisionen nach Tagesperioden gruppiert angezeigt, aber wenn Sie Änderungen von Minute zu Minute sehen möchten, klicken Sie unten im Revisionspanel auf "Detaillierte Revisionen anzeigen". Sie können sehen, welcher Mitarbeiter jede Änderung in einem Gruppendokument vorgenommen hat. Natürlich sind auch die etwas weniger eleganten Undo- und Redo-Funktionen immer verfügbar!

Zurück zu deinem Meisterwerk in Arbeit: Die Unabhängigkeitserklärung. Michelle ist bereit für eine zweite Meinung darüber, was sie getan hat.

Sie weiß, dass Barack ein Meisterredner ist, also weiß sie, dass er einen guten Input haben wird.

Schauen Sie in der oberen rechten Ecke nach oben. Sehen Sie den blauen Knopf mit der Aufschrift Share? Klicken Sie darauf. Es wird mehrere verschiedene Freigabemöglichkeiten eröffnen.

Es gibt einige Möglichkeiten, es zu teilen:
1. Geben Sie ihre E-Mail-Adresse ein und lassen Sie Google den Rest erledigen.
2. Manuell (siehe unten).

Wenn Sie jemandem eine E-Mail schreiben, können Sie auch genau steuern, was er tun kann. Klicken Sie auf das kleine Bleistift-Symbol. Standardmäßig bedeutet dies, dass sie das Dokument bearbeiten können. Sie Können es so ändern, dass sie nur Kommentare zu dem Dokument abgeben können, oder dass sie nur das Dokument ansehen können:

Sie können auch am unteren Rand des Freigabemenüs auf Fortschritt klicken und ein paar weitere Funktionen nutzen - wie z.B. das Deaktivieren des Druckens:

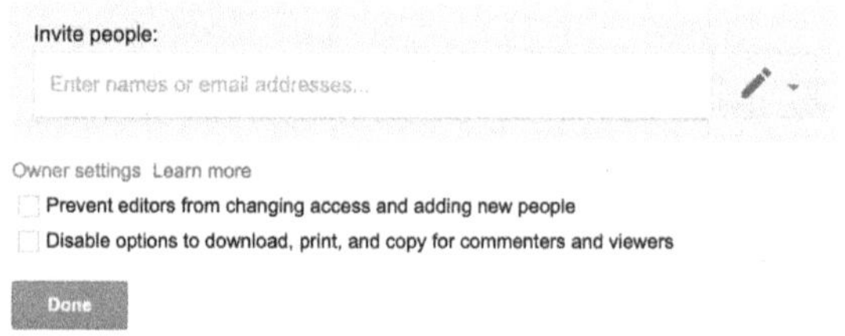

Aber sagen wir mal, Sie wollen dem ersten Mann keine E-Mails schicken. Nehmen wir an, Sie wollen ihm nur einen Link geben - auf diese Weise muss er sein Google-Konto nicht benutzen, um es zu öffnen. Führen Sie dazu die obigen Schritte aus, aber klicken Sie in der oberen Ecke des Feldes auf "Get shareable link". "

Get shareable link

Sobald Sie darauf klicken, erhalten Sie einen teilbaren Link - er kopiert sogar den Link, so dass Sie, wenn Sie STRG-V drücken (oder mit der rechten Maustaste einfügen), diesen Link an beliebiger Stelle einfügen können.

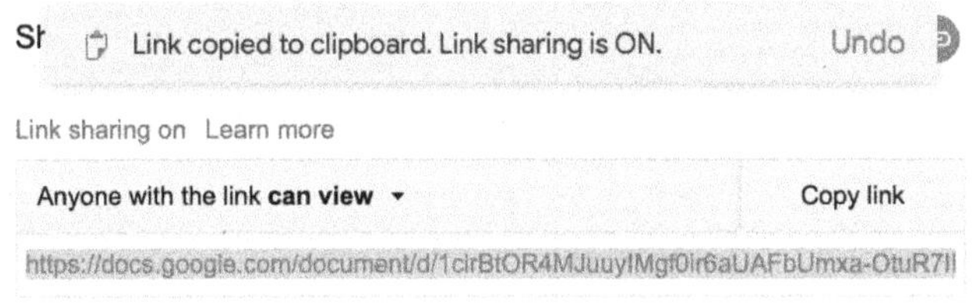

Wenn Sie auf Kann anzeigen klicken, erhalten Sie ein Dropdown-Menü mit weiteren Funktionen. Es sieht ähnlich aus wie das andere Dropdown-Menü oben, aber es gibt eine Option, die "mehr" sagt. "

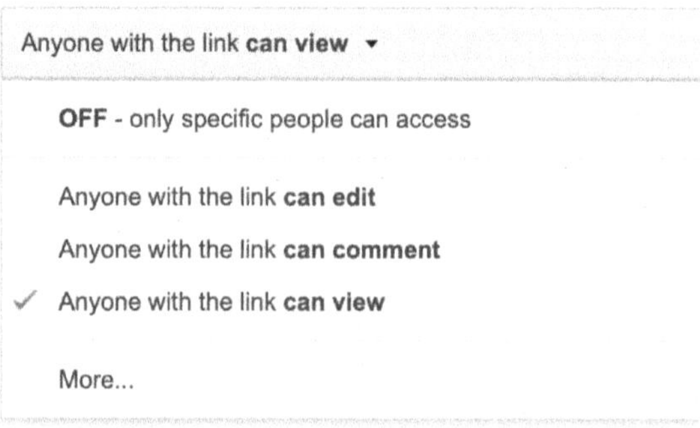

Wenn Sie auf "Mehr" klicken, erhalten Sie einige zusätzliche Funktionen - wie z.B. die Veröffentlichung des Dokuments in Suchmaschinen, damit es jeder finden kann.

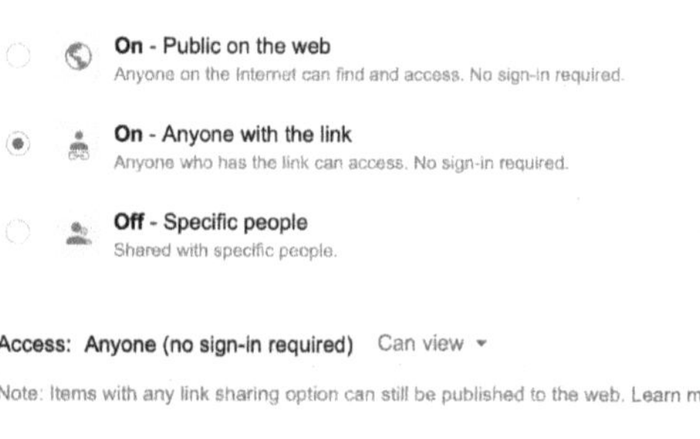

Sie können die Freigabe jederzeit deaktivieren, indem Sie auf die Schaltfläche "Teilen" klicken; sobald sie deaktiviert ist, wird jeder, der zu diesem Link geht - auch wenn er schon einmal dort war -

sie nicht mehr sehen können. Wenn Sie einer Person eine E-Mail geschickt haben, ist sie immer noch ein Betrachter, bis Sie sie entfernen.

Wenn Sie eine Person haben, die Google Docs wirklich hasst und sich weigert, Ihr Dokument in etwas anderem als Word anzuzeigen, können Sie Ihre Arbeit mit Google Docs in ein Word-Dokument exportieren, so dass Sie nicht alle Kopier- und Schriftartenvorgänge selbst durchführen müssen. Klicken Sie einfach auf Datei > Download als > Word; auch hier gibt es eine ganze Reihe weiterer Exporte.

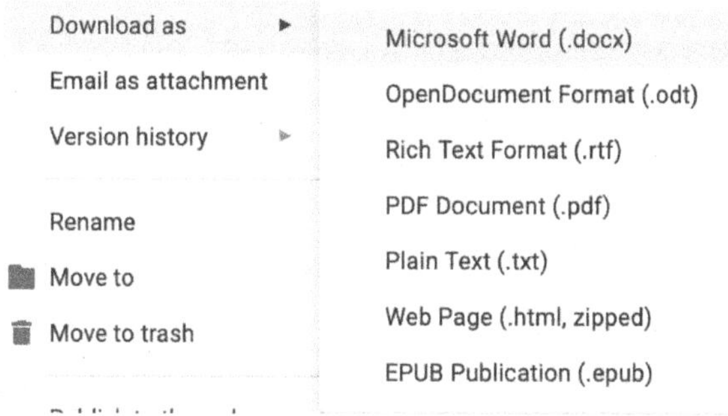

Bearbeitung und Zusammenarbeit mit anderen Personen

Lasst uns für einen Moment so tun, als wäre der erste Mann im Dokument und er ist bereit, einige Änderungen vorzunehmen und einige Notizen hinzuzufügen.

Während er das Dokument durchliest, wird er sich ein paar Notizen machen. Es gibt einige Möglichkeiten, dies zu tun; der einfachste Weg ist, mit der rechten Maustaste zu klicken und "Kommentar" auszuwählen. "

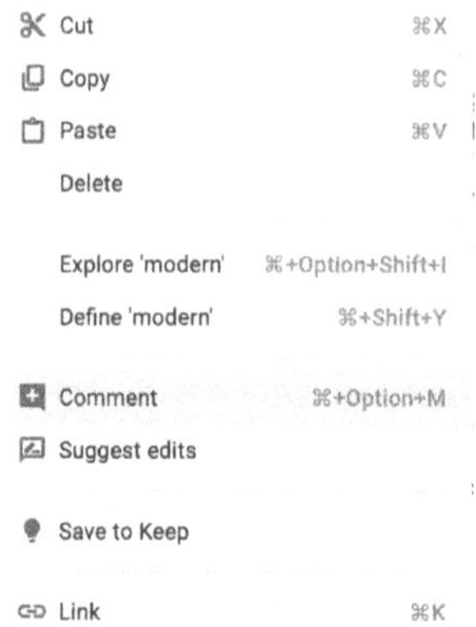

Sie können dies auch erhalten, indem Sie in der Symbolleiste Einfügen und Kommentar wählen:

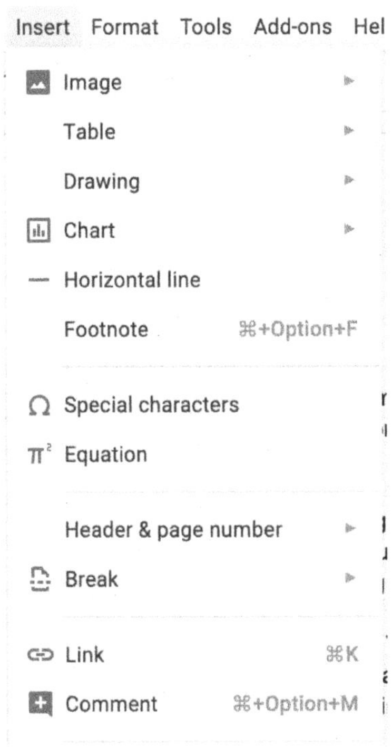

In beiden Fällen wird das Kommentarfeld angezeigt. Füge Ihren Kommentar hinzu und aktiviere das blaue Kommentarfeld, Wenn Sie bereit bist, ihn zu veröffentlichen. Wenn Sie einen Kommentar hinzufügen (oder eine Änderung vornehmen), erfolgt dies in Echtzeit; das heißt, wenn die Person, die mit Ihnen zusammenarbeitet, das Dokument geöffnet hat, kann sie tatsächlich zusehen, wie Sie die Änderungen vornehmen und die Kommentare hinzufügen.

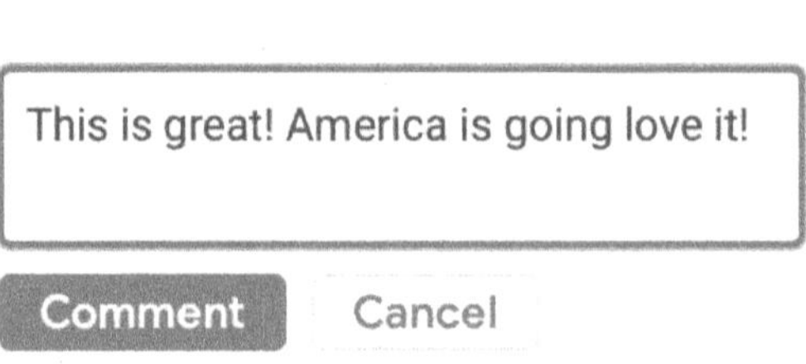

Wenn Sie mehrere Personen haben, die an dem Dokument arbeiten, können Sie "@" eingeben und eine Liste der Personen sehen, die Sie erwähnen können; wenn Sie sie erwähnen, wird Google sie benachrichtigen, damit sie eine Antwort zu Ihrem Kommentar hinzufügen können.

Sobald der Kommentar veröffentlicht ist, wird er auf der Seite von Google Docs angezeigt.

Sie können den Kommentar löschen oder bearbeiten, indem Sie auf die drei kleinen Punkte auf der Seite des Feldes klicken:

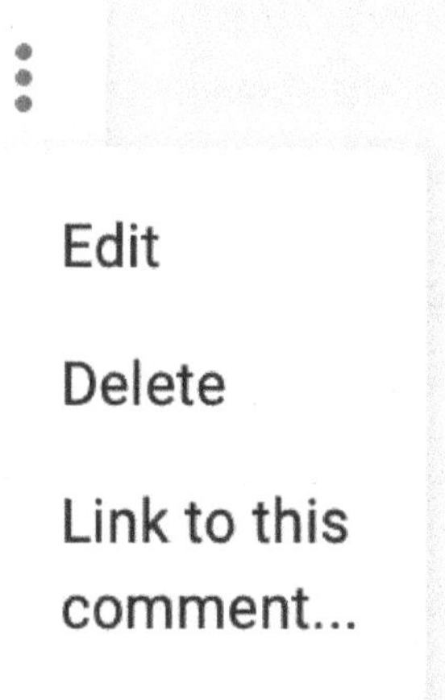

Die Person am anderen Ende wird in der Lage sein, den Kommentar zu lösen (das lässt ihn verschwinden, aber sie kann ihn rückgängig machen).

Oder sie können darauf antworten.

Wenn andere ein von mir erstelltes Dokument bearbeiten, ist es meine persönliche Präferenz, ihnen zu sagen, dass sie es mit Vorschlägen bearbeiten sollen. So kann ich die Änderungen sehen, die sie vorgenommen haben. Sie können es einschalten, indem Sie auf das Bleistift-Symbol im Menü klicken und "Vorschlagen" wählen. "

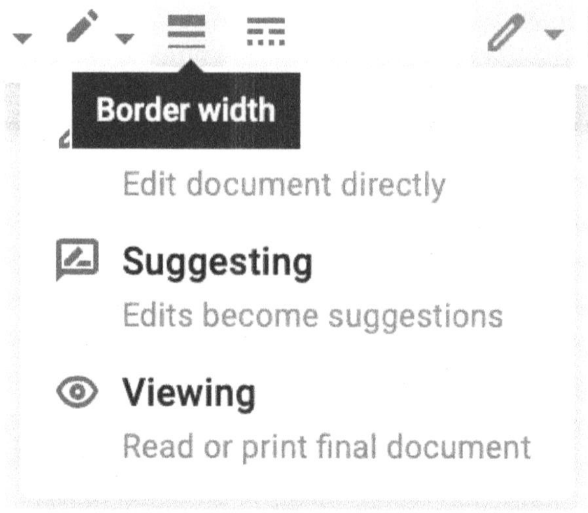

Wenn sie nun das Dokument bearbeiten, wird es als eine andere Farbe angezeigt.

Wenn Sie auf die Änderungen klicken, können Sie die Änderung mit dem Häkchen akzeptieren oder mit dem X ignorieren. Sie können auch Fragen dazu stellen und sie können antworten.

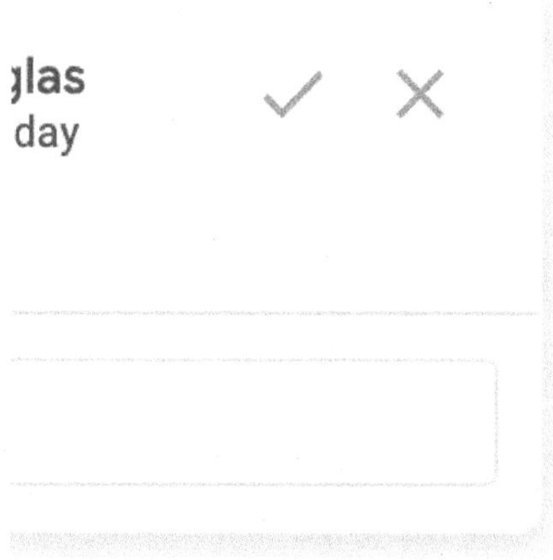

Um alle Versionen eines Dokuments anzuzeigen, gehen Sie zu "Datei" und sehen Sie sich die Versionen an.

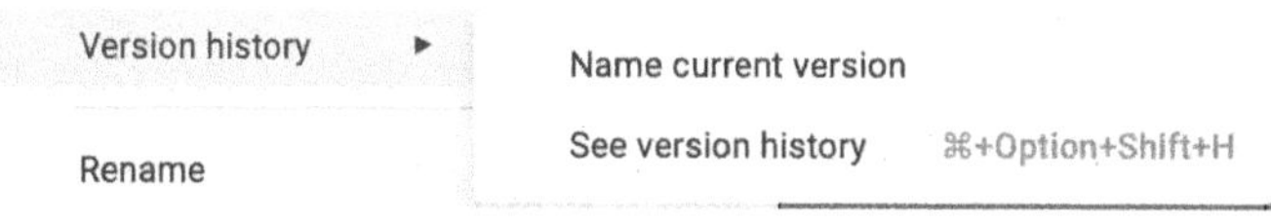

Wenn es viele Versionen geben wird, dann ist ein Vorschlag, jede einzelne zu benennen, was Sie hier tun können.

Wenn Sie auf "Versionshistorie anzeigen" klicken, erhalten Sie eine Liste aller Versionen. Wenn Sie auf einen von ihnen klicken, wird diese Version angezeigt. Sie können es anzeigen oder sogar wiederherstellen.

Version history

Only show named versions

TODAY

▶ **August 3, 9:48 AM**
Current version
● Scott Douglas

▶ August 3, 7:16 AM
● Scott Douglas

August 3, 7:12 AM
● Scott Douglas

Um zum Dokument zurückzukehren, klicken Sie einfach auf die Schaltfläche Zurück im Menü (nicht auf die Schaltfläche Zurück im Browser):

← Today, 9:48 AM

[5]
JENSEITS DER GRUNDLAGEN

Drucken aus der Cloud

Michelle ist ziemlich glücklich mit ihrer Erklärung, aber sie ist immer noch eine kleine alte Schule - sie liest gerne ihre Arbeit auf die altmodische Art und Weise mit diesem kleinen Ding namens Papier durch. Also muss sie es offensichtlich drucken.

Sie Können wahrscheinlich erraten, dass Sie dies auf eine Ihnen vertraute Weise machen: Datei > Drucken.

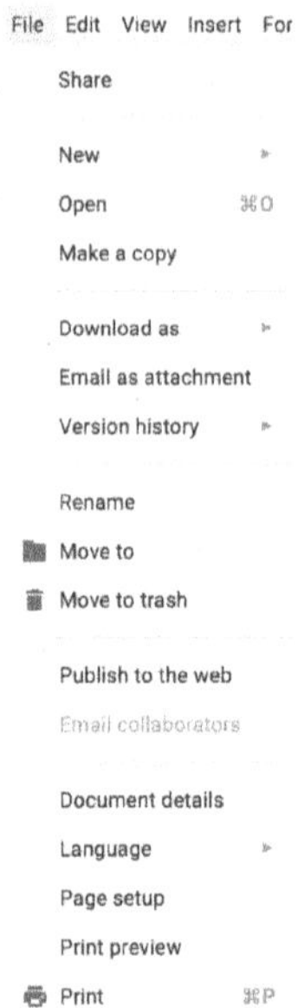

Von hier aus wird es ein wenig.... kompliziert. Das Drucken ist nicht etwas, worin Google Docs sich auszeichnet.

Sie haben zwei Hauptoptionen:
Speichern Sie es auf Ihrem Computer und drucken Sie es dann von Ihrem Computer aus.

Fügen Sie Ihren Computer zu Google hinzu. Wenn Sie Ihren Computer zum Google Cloud-Druck hinzufügen möchten, klicken Sie auf den Link.

Es wird dich durch die Stufen führen. Die Schritte ändern sich je nach Art des Druckers. Es ist keine Raketenwissenschaft, aber Sie müssen auf die Details achten.

Wenn Sie den Aufwand überspringen wollen, gibt es einen längeren, aber weniger aufwendigen Weg: Exportieren als PDF, Öffnen der PDF-Datei auf Ihrem Computer, Drucken von Ihrem Computer. Da Sie bereits einen Drucker auf Ihrem Computer haben, wird er angezeigt, wenn Sie Datei > Drucken ausführen.

Hinzufügen von Fotos zu Google Docs
Okay, also haben Sie es gedruckt, Sie haben zugestimmt, dass der Text dort ist, wo Sie ihn haben wollen, indem Sie mit anderen zusammenarbeiten - jetzt wollen Sie ihn aufpeppen.

Google Docs funktioniert wie jede andere Textverarbeitung. Sie können Bilder hinzufügen, wo immer Sie wollen, entweder durch Kopieren und Einfügen oder indem Sie sie über Einfügen > Bild hinzufügen.

Suchen Sie einfach einen Ort, an dem Sie ein Bild hinzufügen möchten. Wenn Sie das Bild online gefunden und kopiert haben, dann machen Sie einfach STRG-V, und es wird hinzugefügt.

Wenn Sie das Bild auf Ihrem Computer, in Ihrem Google-Laufwerk oder an einer beliebigen Anzahl anderer Orte gespeichert haben, dann können Sie eines von zwei Dingen tun. Erstens: Klicken Sie auf Einfügen > Bild:

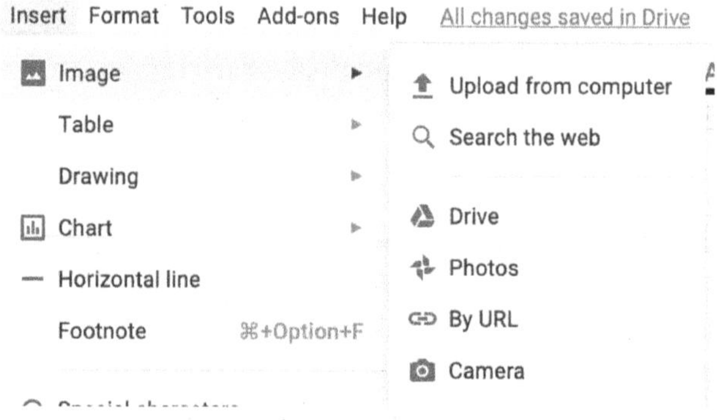

Oder, zweitens, klicken Sie auf das Bildsymbol in der Symbolleiste:

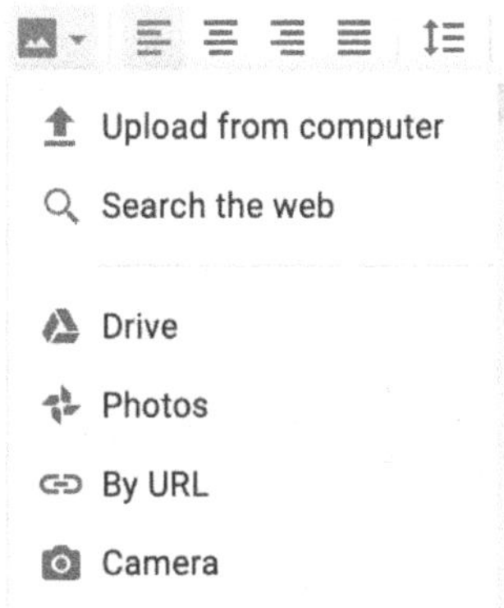

Wenn Sie einfach nur das Bild von Ihrem Computer hinzufügen möchten, dann wählen Sie "Vom Computer hochladen" und finden Sie es auf Ihrem Computer. Sie können auch im Web nach der Datei suchen, einen Link zu der Datei einfügen oder, wenn Sie ein Gerät verwenden, das sie unterstützt, die integrierte Kamera des Computers verwenden, um ein Bild hinzuzufügen.

Sobald das Bild in Ihrem Dokument ist, klicken Sie es an. Sie werden kleine blaue Quadrate um ihn herum sehen - und einen kleinen blauen Punkt:

Wenn Sie auf diese klicken, können Sie die Größe des Bildes ändern; wenn Sie auf den Punkt klicken, können Sie das Bild drehen. Sie können auch wählen, wie der Text mit dem Bild kommuniziert. Standardmäßig ist es Inline, d.h. der Text wird über und unter den Text gehen. "Text umbrechen" bedeutet, dass der Text auf allen Seiten angezeigt wird. Mit "Text brechen" können Sie einen Rand um den Text legen - wenn Sie z.B. einen kleinen Leerraum wünschen.

Wenn Sie mit der rechten Maustaste klicken, sehen Sie auch einige zusätzliche Optionen für das Bild:

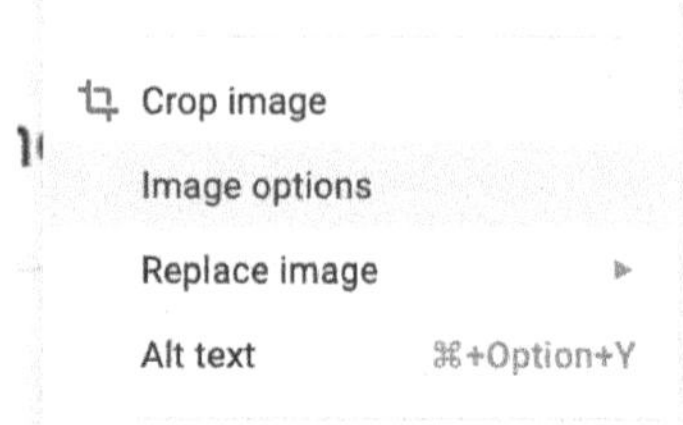

Die meisten Optionen verstehen Sie wahrscheinlich. "Alt Text" ist praktisch, wenn Sie diese Online-Version veröffentlichen wollen - es ist Text, der zeigt, ob der Text nicht sichtbar ist; Sie beschreiben im Grunde genommen das Bild.

Wenn Sie auf "Bildoptionen" klicken, werden noch mehr Optionen angezeigt:

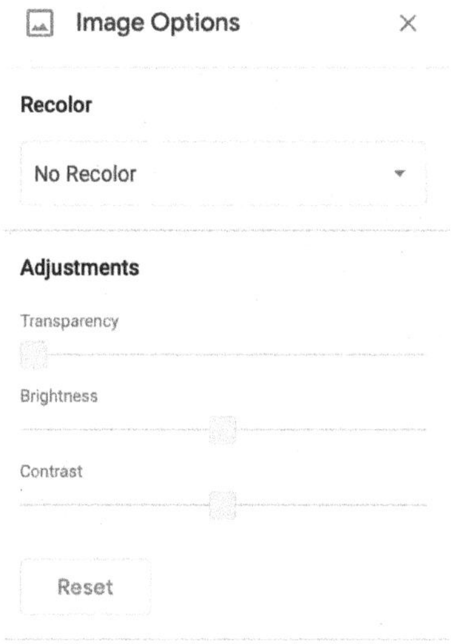

Image Options   ×

Recolor

No Recolor

Adjustments

Transparency

Brightness

Contrast

Reset

Hier Können Sie es zum Beispiel heller machen; Sie Können es auch halbtransparent machen - was toll ist, Wenn Sie es als Wasserzeichen verwenden willst.

Wenn Sie Ihre Meinung über das Bild ändern, können Sie es löschen oder Sie können einfach auf "Bild ersetzen" klicken, wenn Sie darauf klicken:

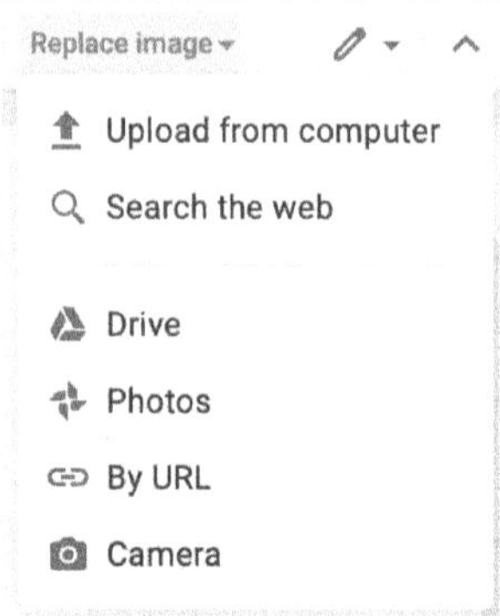

Wirklich ausgefallen werden

Wir haben Fotos. Es sieht pfiffig aus, oder?! Jetzt lass uns tiefer eindringen.

Als nächstes werden wir lernen, wie man Tabellen und Tabellen einfügt. Das ist vielleicht nicht für alle, aber es ist trotzdem gut zu wissen.

Zuerst wollen wir sehen, wie man das auf manuelle Weise macht. Dies ist eine gute Option, wenn Sie nicht viele Daten haben, mit denen Sie arbeiten - tun Sie so, als ob Sie das Mittagessen der Woche anzeigen möchten.

Gehen Sie zu "Einfügen" in der Symbolleiste und "Tabelle":

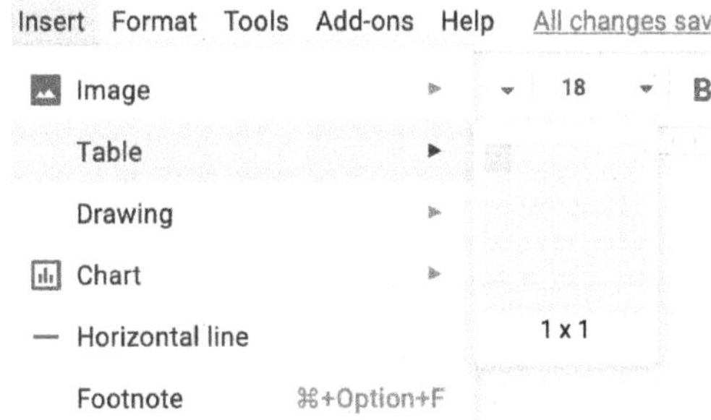

Von hier aus ziehen Sie die Anzahl der Felder, je nachdem, wie groß Ihr Tisch sein soll. Das ist ein Mittagsmenü, und ich werde es sieben Tage mit zwei Reihen schaffen.

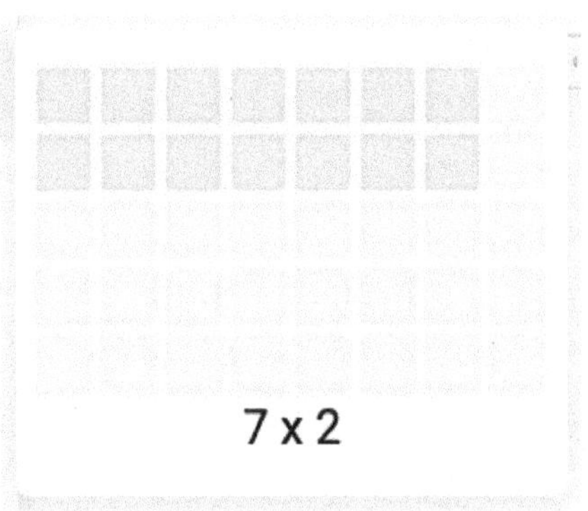

Es wird leer angezeigt:

Als nächstes werde ich in meinem Menü hinzufügen. Ich persönlich bin gespannt auf den Samstag, an dem das Mittagessen eine Tüte Doritos sein wird - ich habe wirklich viel Mühe in dieses Mittagessen gesteckt!

Sunday	Monday	Tuesday	Wednesday	Thursday	Friday	Saturday
Green eggs and ham	Lobster	Hamburger	Lambchops	Fish & Chips	FREE DAY	Bag of doritos

Dieser Tisch ist schön, aber er veranschaulicht nicht wirklich etwas. Als nächstes werde ich die Farbe der oberen Reihe ändern, so dass sie ein wenig mehr hervortritt. Markiere die gesamte obere Reihe:

Sunday	Monday	Tuesday	Wednesday	Thursday	Friday	Saturday

Klicken Sie anschließend mit der rechten Maustaste, um Ihr Menü "Tabelle" aufzurufen. Wählen Sie "Tabellen-Eigenschaften". " Das klingt nach den Eigenschaften für die gesamte Tabelle, aber weil wir sie markiert und dann mit der rechten Maustaste angeklickt haben, ändert es nur den Stil der markierten Zeile (wenn wir mit der rechten Maustaste angeklickt hätten, ohne sie zu markieren, hätte es alles verändert).

Es gibt hier viele Eigenschaften, aber das, was wir für diese Zeile wollen, ist "Zellenhintergrundfarbe":

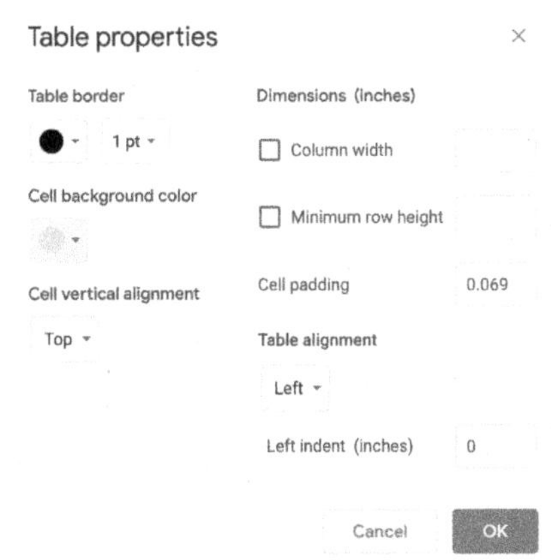

Sobald Sie den Hintergrund geändert haben, klicken Sie auf "OK" und die Tabelle sieht wie folgt aus:

Sunday	Monday	Tuesday	Wednesday	Thursday	Friday	Saturday
Green eggs and ham	Lobster	Hamburger	Lambchops	Fish & Chips	FREE DAY	Bag of doritos

Sie können auch eine Zeile markieren und die Farbe ändern. Ich werde den Freitag ändern, weil es ein freier Tag ist, und ich möchte, dass er sich stärker abhebt.

Lasst uns so tun, als ob wir diese Woche kein Kuhfleisch wollen - wir wollen zwei Tage Hummer!

Löschen Sie "Hamburger", markieren Sie die beiden Kästen Montag und Dienstag, klicken Sie mit der rechten Maustaste und wählen Sie "Zellen zusammenführen":

Die Zelle ist nun ein Feld:

Sunday	Monday	Tuesday	Wednesday	Thursday	Friday	Saturday
Green eggs and ham	Lobster		Lambchops	Fish & Chips	FREE DAY	Bag of doritos

Nun, lassen Sie uns das Menü etwas höher machen. Klicken Sie mit der rechten Maustaste, "Tabelleneigenschaften auswählen" und aktivieren Sie "Minimale Zeilenhöhe". " Ich schaffe es einen Zentimeter. Das bedeutet, wenn der Text länger ist, kann er mehr als 1 Zoll betragen, aber er wird mindestens einen Zoll betragen:

Dimensions (inches)

☐ Column width

☑ Minimum row height   1

Cell padding   0.069

Table alignment

Center ▾

Left indent (inches)   0

Sunday	Monday	Tuesday	Wednesday	Thursday	Friday	Saturday
Green eggs and ham	*Lobster*		*Lambchops*	*Fish & Chips*	FREE DAY	*Bag of doritos*

Wir haben fast das Menü, wo wir es haben wollen, aber es gibt noch einiges zu tun. Lassen Sie uns die Zellen den Text in der Mitte der Zelle anzeigen. Gehen Sie zu "Tabelleneigenschaften" und wählen Sie unter "Vertikale Ausrichtung der Zelle" "Mitte":

Cell vertical alignment

Top

Middle

Bottom

Jetzt ist alles in der Mitte gleichmäßig ausgerichtet:

Sunday	Monday	Tuesday	Wednesday	Thursday	Friday	Saturday
Green eggs and ham	Lobster		Lambchops	Fish & Chips	FREE DAY	Bag of doritos

Im Moment sind alle Spalten gleich breit. Sie können die Tabelle vergrößern, indem Sie an beiden Enden der Tabelle ziehen:

Sunday	Monday	Tuesday	Wednesday	Thursday	Friday	Saturday
Green eggs and ham	Lobster		Lambchops	Fish & Chips	FREE DAY	Bag of doritos

Wie man Tabellenkalkulationen aus Google Sheet einfügt

Google Docs integriert alle Dinge, die Google in sich trägt. Nehmen wir uns das zu Herzen und schauen uns schnell eine andere Google-App an: Google Sheets.

Gehen Sie zurück zu drive.google.com und erstellen Sie ein neues Dokument - diesmal eine Tabellenkalkulation (Hinweis: Klicken Sie auf die neue Schaltfläche und wählen Sie dann Tabellenkalkulation).

Im Handumdrehen haben Sie eine Tabellenkalkulation in der Cloud. Alle Menüs sind ziemlich ähnlich wie bei Google Docs, und Sie geben Text auf die gleiche Weise ein.

Für dieses Beispiel werde ich eine Bibliotheksdatenbank verwenden, die bereits erstellt wurde. Lasst uns so tun, als ob ich etwas davon in mein Google Doc kopieren möchte (obwohl ich auch alles davon machen könnte). Ich muss nur markieren, was ich kopieren möchte, dann entweder mit der rechten Maustaste klicken und "kopieren" wählen oder STRG-C auf der Tastatur ausführen.

	Title	Author		Publisher	Year	Category	Pages	Call Number
4	A brief history of time	Stephen W. Hawking	Hawking, Stephe	Bantam Books		Astronomy	198	QB981 .H37 1998
5	A Career as an Electrician	Daniel E. Harmon	Harmon, Daniel	The Rosen Publ	2010	Juvenile Nonficti	60	TK159 .H37 2011
6	A Child's Garden of Verses	Robert Louis Stevenson	Stevenson, Robe	Chronicle Books	1999	Juvenile Nonficti	30	PR5489 .C5 199
7	A Concise Guide to Technical Communication	Laura J. Gurak, John M. Lennon	Gurak, Laura J.	Pearson/Longma	2004	Technology & En	17	T10.5 .G83 2004
8	A Concise Public Speaking Handbook	Steven A. Beebe, Susan J. Beebe	Beebe, Steven A	Allyn & Bacon		Performing Arts	292	PN4129.15 .B42 20
9	A First Course in Digital Electronics	Nigel P. Cook	Cook, Nigel P.	Prentice Hall	1999	Technology & En	814	TK7868.D5 C59
10	A First Course in Digital Systems Design	John Paul Uyemura	Uyemura, John f	Brooks/Cole	1999	Technology & En	495	TK7874.75 .U94 20
11	A History of Life on Earth	Jon Erickson	Erickson, Jon	Facts on File	1995	Science	244	QE28.3 .E75 1995
12	A History of Psychology	Thomas Hardy Leahey	Leahey, Thomas	Prentice Hall	1997	Covering such re	490	BF81 .L4 1997
13	A Look at Mars	Ray Spangenburg, Kit Moser	Spangenburg, R	Scholastic Librar	2001	Juvenile Nonficti	112	T14.5
14	A Short History of Planet Earth	J. D. MacDougall	MacDougall, J. D	Wiley	1996	Science	266	QE28.3 .M33 1996
15	A Simple Approach to Digital Signal Processing	Craig Marven, Gillian Ewers	Marven, Craig	Wiley	1996	Technology & En	248	TK5102.9 .M38
16	A Simple Approach to Digital Signal Processing	Craig Marven, Gillian Ewers	Marven, Craig	Wiley	1996	Technology & En	248	TK5102.9 .M38 199
17	A Social History of American Technology	Ruth Schwartz Cowan	Cowan, Ruth Sc	Oxford University Press		Science	342	T14.5 .C69 1997
18	About Vectors	Banesh Hoffmann	Hoffmann, Banes	Courier Corporat	1975	Mathematics	134	QA433 .H63 1975
19	Acoustic Wave Sensors	David Stephen Ballantine, S. J. Martin,	Ballantine, David	Elsevier Science		Science	436	TL220 .B86 2009
20	Active Filter Design	Allan Waters	Waters, Allan	McGraw-Hill	1991	Technology & En	161	TK7872.F5 W38 197
21	Advanced Circuit Simulation Using Multisim Workbench	David Báez López, Félix E. Guerrero-C	López, David Bá	Morgan & Claypool Publishers		Technology & En	146	QP31.2 .M38 2013
22	Advanced engineering mathematics	Peter V. O'Neil	O'Neil, Peter V.	Wadsworth Pub	1991	Engineering mat	1400	TA330 .O63 1991

Als nächstes gehe ich zurück in mein Google Doc und drücke STRG-V auf der Tastatur, um es einzufügen. Es wird uns fragen, ob wir es in Linked oder unlinked einfügen wollen:

Paste table

● **Link to spreadsheet**
Only editors can update the table. Collaborators can see a link to the source spreadsheet.

○ **Paste unlinked**

Learn more   Cancel   Paste

Wo ist der Unterschied? Mit Linked kann eine Person zu dieser ursprünglichen Tabellenkalkulation wechseln - sie kann andere Zeilen anzeigen und Änderungen vornehmen. Nicht verknüpfte Objekte werden als neue Tabelle eingefügt, und wenn Sie Änderungen an der Kalkulationstabelle vornehmen, wird sie nicht in Ihrem Google Doc. angezeigt.

Ich werde Linked wählen. Es wird eingeklebt und sieht hübsch aus....einfach:

A brief history of time	Stephen W. Hawking	Hawking, Stephen W.	Bantam Books		Astronomy	198	QB981 .H377 1988
A Career as an Electrician	Daniel E. Harmon	Harmon, Daniel E.	The Rosen Publishing Group, Inc	2010	Juvenile Nonfiction	80	TK159 .H37 2011
A Child's Garden of Verses	Robert Louis Stevenson	Stevenson, Robert Louis	Chronicle Books	1989	Juvenile Nonfiction	30	PR548 9 .C5 1989
A Concise Guide to Technical Communication	Laura J. Gurak, John M. Lannon	Gurak, Laura J.	Pearson/Longman	2004	Technology & Engineering	17	T10.5 .G83 2004
A Concise Public Speaking Handbook	Steven A. Beebe, Susan J. Beebe	Beebe, Steven A.	Allyn & Bacon		Performing Arts	292	PN412 9.15 .B42 2012
					Techno		TK786

Genau wie die Tabelle, die wir zuvor erstellt haben, können Sie jedoch alle möglichen Styles dafür erstellen. Zum Beispiel habe ich "Table Property" gewählt und die Hintergrundfarbe für die ersten beiden Zeilen geändert:

A brief history of time	Stephen W. Hawking	Hawking, Stephe n W.	Bantam Books		Astronomy	198	QB981 .H377 1988
A Career as an Electrician	Daniel E. Harmon	Harmon, Daniel E.	The Rosen Publishing Group, Inc	2010	Juvenile Nonfiction	80	TK159 .H37 2011
A Child's Garden of Verses	Robert Louis Stevenson	Stevenson, Robert Louis	Chronicle Books	1989	Juvenile Nonfiction	30	PR548 9 .C5 1989
		Gurak,	Pearso		Techno logy &		T10.5

Diese Änderungen werden in der ursprünglichen Kalkulationstabelle nicht angezeigt.

Also lasst uns so tun, als ob ihr euer Blatt auch in Google Docs eingebunden hättet. Wenn Sie auf den Link-Button in der oberen Ecke klicken, erhalten Sie neue Optionen:

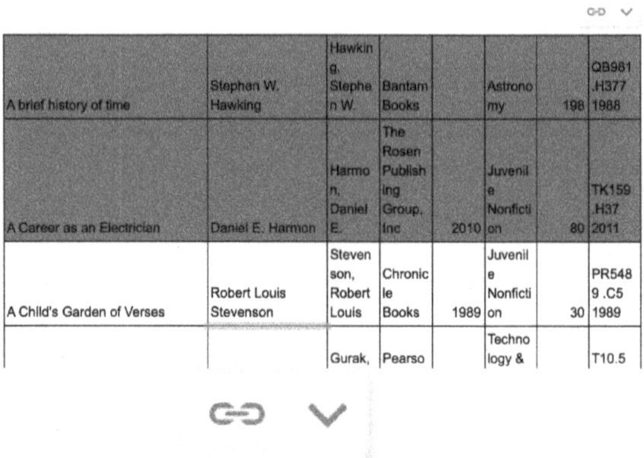

A brief history of time	Stephan W. Hawking	Hawking, Stephen W.	Bantam Books		Astronomy		198	QB981 .H377 1988
A Career as an Electrician	Daniel E. Harmon	Harmon, Daniel E.	The Rosen Publishing Group, Inc	2010	Juvenile Nonfiction		80	TK159 .H37 2011
A Child's Garden of Verses	Robert Louis Stevenson	Stevenson, Robert Louis	Chronicle Books	1989	Juvenile Nonfiction		30	PR5489 .C5 1989
		Gurak,	Pearso		Technology &			T10.5

Sie können das Dokument z.B. entkoppeln oder öffnen. Wenn die Freigabe nicht eingeschaltet ist, kann die andere Person nicht darauf zugreifen.

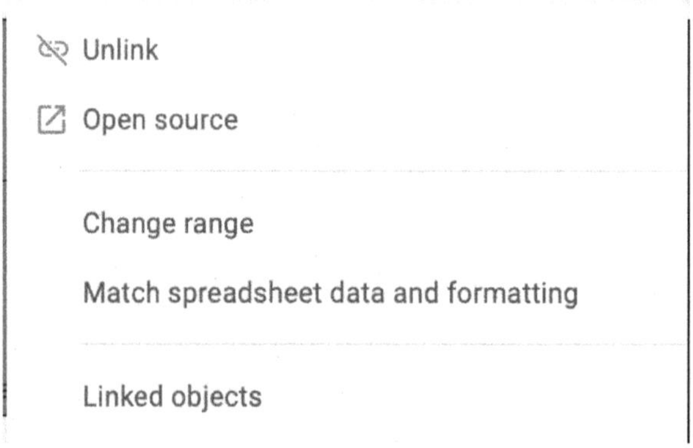

- Unlink
- Open source
- Change range
- Match spreadsheet data and formatting
- Linked objects

Es gibt eine Vorlage dafür.

Sobald Sie sich mit Google Docs vertraut gemacht haben, können Sie Zeit sparen, indem Sie eine der vorab erstellten Google-Vorlagen für Docs verwenden. Um eines zu verwenden, gehen Sie zu drive.google.com und erstellen Sie ein Google Doc - aber statt leer, wählen Sie aus der Vorlage.

Es öffnet sich ein neues Fenster mit allen Ihren Optionen. Im Gegensatz zu Word und Pages ist Google auf Vorlagen nicht sehr groß, aber sie erlauben es anderen, Vorlagen hinzuzufügen, und Sie können viele andere finden, indem Sie eine schnelle Google-Suche nach Google Docs-Vorlagen durchführen.

Inhaltsverzeichnis

Ein nützliches Feature ist das Inhaltsverzeichnis. Dies würde häufiger in einem Buch oder einem langen Dokument verwendet werden. Sie werden es hoffentlich nicht verwenden, um einen Liebesbrief mit Ihrer Frau zu teilen, aber Sie können es verwenden, wenn Sie Google Docs für eine Dissertation verwenden.

Sie können das Inhaltsverzeichnis sehen/hinzufügen, indem Sie auf Einfügen > Inhaltsverzeichnis gehen. Sie Können es entweder mit oder ohne die Seitenzahlen tun:

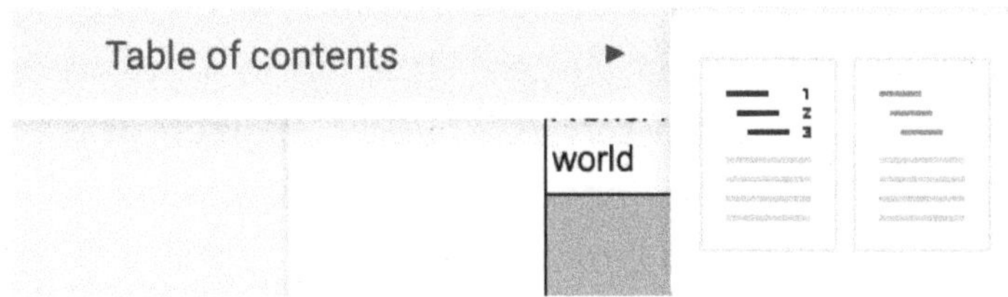

Wenn Sie Ihr Inhaltsverzeichnis nach dem Hinzufügen nicht sehen, gibt es wahrscheinlich einen guten Grund: Sie haben dem Dokument keine Überschriften hinzugefügt.

Klicken Sie in Ihrem Dropdown-Menü auf Normaler Text. Sehen Sie die verschiedenen Optionen?

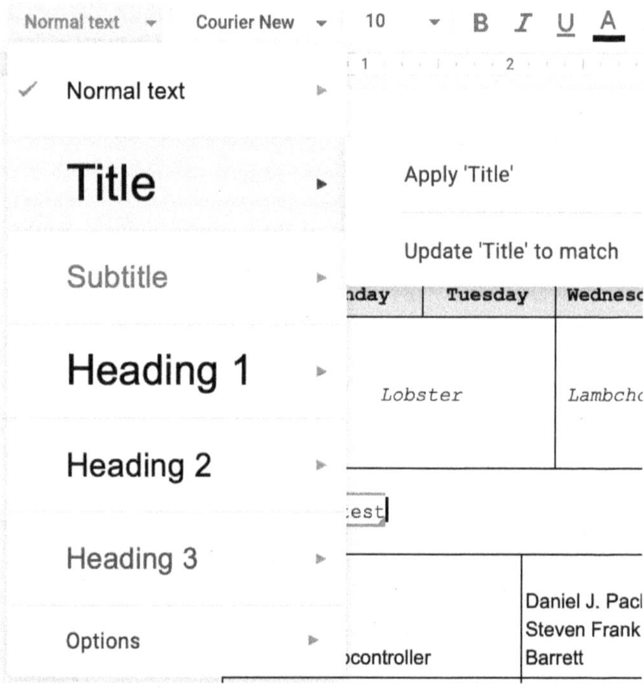

Wenn dies ein Buch wäre, dann wäre "Titel" der Titel auf der ersten Seite. "Überschrift 1" wäre der Kapiteltitel, "Überschrift 2" und "Überschrift 3" wären Abschnitte innerhalb dieses Kapitels.

Für jeden von ihnen können Sie "Update 'Titel' auswählen, um ihn mit den anderen zu vergleichen. " Nehmen wir an, "Titel" ändert den Text auf

Größe 24, aber Sie möchten, dass er Größe 36 hat. Wenn Sie Ihren Text auf Größe 36 ändern, dann markieren Sie ihn und wählen Sie "Titel" und aktualisieren Sie ihn. Jedes Mal, wenn Sie einen neuen Titel im Dokument hinzufügen (nicht in anderen Dokumenten), wird es ihn in diesem Stil aktualisieren.

Wenn Sie möchten, dass es für alle zukünftigen Dokumente gilt, gehen Sie zu "Optionen" im selben Abschnitt und wählen Sie "Als meine Standardstile speichern":

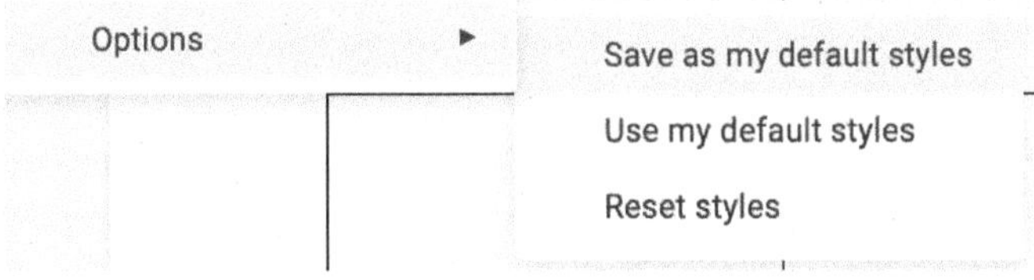

[6]

DIES UND DAS

In diesem Abschnitt werde ich auf einige letzte Dinge eingehen, die Sie über Google Docs wissen müssen. Dies ist nicht umfassend - ich werde zum Beispiel den Skript-Editor nicht behandeln, denn es geht darum, die Dinge einfach zu halten und Ihnen die Funktionen zu zeigen, die Sie höchstwahrscheinlich verwenden werden.

Datei-Menü

Wir haben alle wichtigen Dinge im Datei-Menü behandelt, aber es gibt eine Sache von Bedeutung: Datei > Sprache:

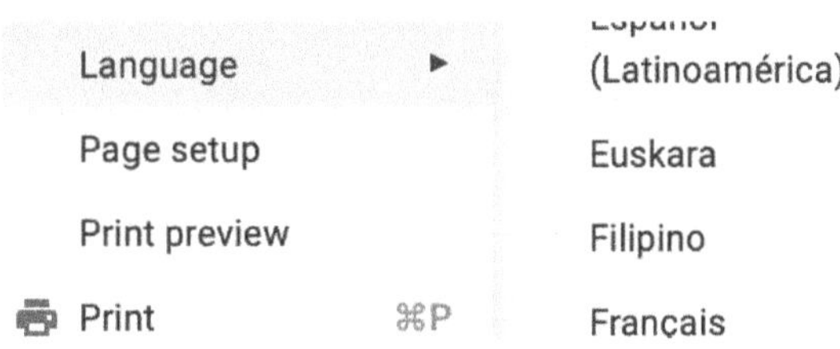

Standardmäßig ist es auf Englisch, d.h. wenn Sie ein Dokument auf Spanisch eingeben, werden Sie alle Arten von grammatikalischen Fehlern sehen. Das Ändern der Sprache fügt in einem neuen Wörterbuch hinzu, so dass es nicht glaubt, dass Sie nur Kauderwelsch eingeben.

Ansicht-Menü

Es gibt zwei Dinge, auf die ich unter dem Menü Ansicht hinweisen möchte. Erstens, Drucklayout. Standardmäßig ist es deaktiviert. Wenn Sie darauf klicken, wird das Dokument in einer langen Scroll-Ansicht angezeigt, so dass keine Seitenumbrüche auftreten:

"Dokument online anzeigen" öffnet ein Seitenfenster, in dem alle Überschriften in Ihrem Dokument angezeigt werden:

✓ Show document outline   Ctrl+⌘A Ctrl+⌘H

Menü Einfügen
Wenn Sie eine Kopfzeile hinzufügen möchten (z.B. jede Seite hat Ihren Nachnamen oben), oder eine Seitennummer hinzufügen möchten, dann gehen Sie zu "Einfügen" und "Kopfzeile & Seitennummer". "

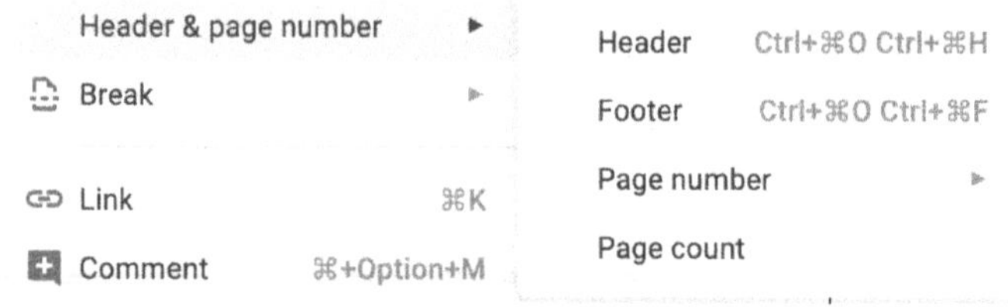

Einfügen > Pause fügt einen Seitenumbruch hinzu. Standardmäßig macht Google dies automatisch, aber Wenn Sie einen neuen Abschnitt machst, den Sie auf einer neuen Seite haben möchten, dann können Sie es hier manuell tun:

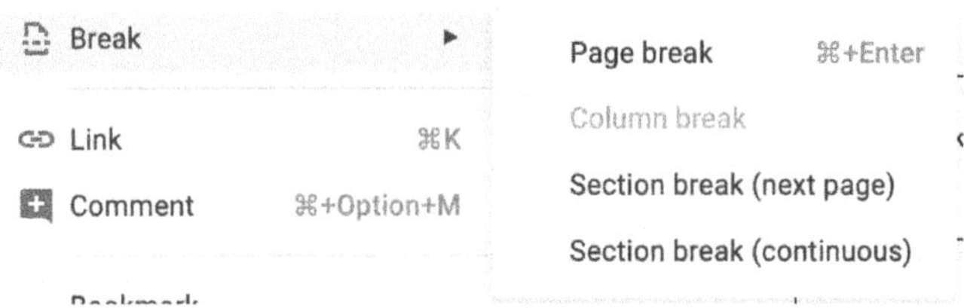

Einfügen > Sonderzeichen ist der Bereich, in dem Sie Symbole wie das ©-Zeichen auswählen können:

Ω Special characters

Einfügen > Lesezeichen ist bei längeren Dokumenten hilfreich. Sie können Lesezeichen-Links erstellen, so dass Sie sie immer dann, wenn Sie auf etwas verweisen, direkt an diesen Abschnitt senden können, damit sie nicht scrollen müssen, um es zu finden:

Bookmark

Menü Tools
Im Menü Tools finden Sie die Rechtschreibprüfung und die Wortzahl.

Tools Add-ons Help All changes saved in Drive

Spelling and grammar ►

Word count ⌘+Shift+C

Sie können auch das eingebaute Wörterbuch sehen und wo Sie das Dokument in eine andere Sprache übersetzen können. Ich sollte hier anmerken, dass es sich offensichtlich um eine Computerübersetzung handelt, also erwarten Sie keine Perfektion.

"Explore" ist hilfreich bei Forschungsarbeiten. Es hält dich im Dokument, so dass Sie nicht auf eine Registerkarte gehen müssen, um etwas nachzuschlagen:

Im folgenden Beispiel habe ich "Stephen Colbert" eingegeben und in einem Seitenmenü grundlegende Informationen über ihn erhalten:

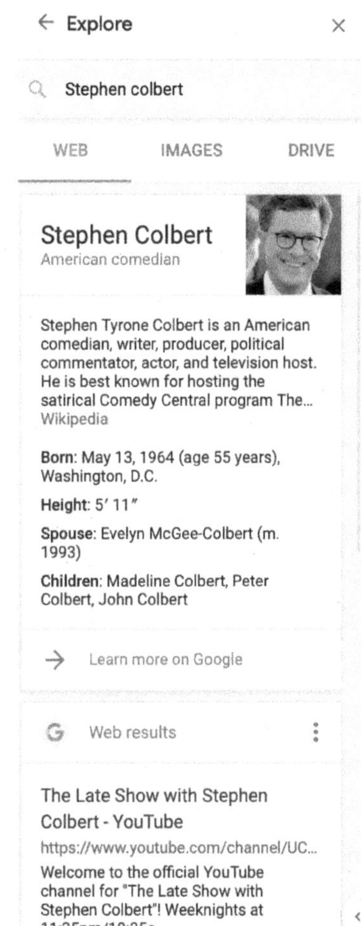

Add-on-Menü

Hier können Sie Erweiterungen hinzufügen, wenn Sie nicht in den Google-Shop gehen:

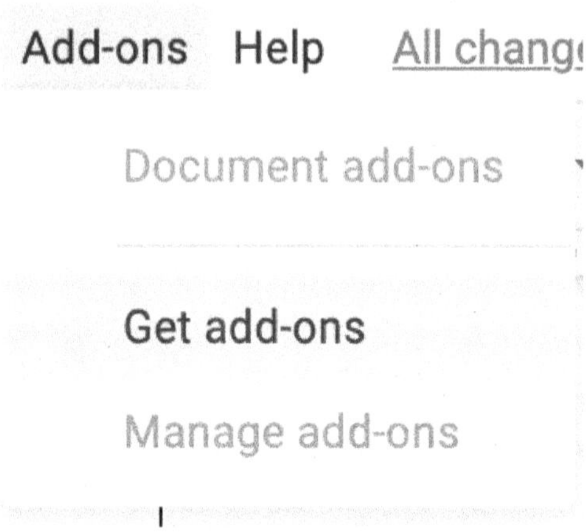

Add-ons   Help   <u>All change</u>

Document add-ons

Get add-ons

Manage add-ons

Hilfe-Menü
Und schließlich können Sie im Hilfemenü nach
häufigen Aufgaben suchen, Updates für Google
Docs anzeigen und sogar Schulungen erhalten:
(Picture)

[7]

GOOGLE DOCS TASTENKOMBINATIONEN FÜR DIE TASTATUR

Sie können alle Tastenkombinationen in Google Docs sehen, indem Sie Hilfe > Tastenkombinationen wählen.

Zu Ihrer Information: Nachfolgend finden Sie einige der häufigsten, die Sie verwenden werden.

Gemeinsame Aktionen

Kopieren	Strg + c
Schnitt	Strg + x
Einfügen	Strg + v
Einfügen ohne Formatierung	Strg + Umschalt + v

Rückgängig	Strg + z
Wiederholen	Strg + Umschalt + z
Link einfügen oder bearbeiten	Strg + k
Drucken	Strg + p
Offen	Strg + o
Finden	Strg + f
Suchen und Ersetzen	Strg + h

Textformatierung

Fett gedruckt	Strg + b
Kursivschrift	Strg + i
Unterstreichen	Strg + u
Durchstreichen	Alt + Umschalt-taste + 5
Hochgestellt	Strg + .
Subskription	Strg + ,
Textformatierung kopieren	Strg + Alt + Alt + c
Textformatierung einfügen	Strg + Alt + v
Klartextformatierung	Strg + \
Schriftgröße vergrößern	Strg + Umschalt + > >

Schriftgröße verkleinern	Strg + Umschalt-taste + <

Absatzformatierung

Erhöhen der Absatzeinrückung	Strg +]
Verringern Sie die Einrückung des Absatzes.	Strg + [[
Normalen Textstil anwenden	Strg + Alt + 0
Kopfstil anwenden[1-6]	Strg + Alt + [1-6]
Linke Ausrichtung	Strg + Umschalt + l
Mittenausrichtung	Strg + Umschalt + e
Rechte Ausrichtung	Strg + Umschalt + r
Rechtfertigen	Strg + Umschalt + j
Nummerierte Liste	Strg + Umschalt + 7
Aufzählungsliste	Strg + Umschalt + 8

Kommentare

Kommentar einfügen	Strg + Alt + m + m

Offener Diskussionsfaden	Strg + Alt + Umschalt + Umschalt + a

Menüs

Datei-Menü	Alt + f
Menü Bearbeiten	Alt + e
Ansichtsmenü	Alt + v
Menü Einfügen	Alt + i
Menü Format	Alt + o
Menü Tools	Alt + t
Hilfemenü	Alt + h

TEIL 3: GOOGLE SHEETS

[1]

GOOGLE SHEETS CRASHKURS

Was ist Google Sheets überhaupt?

Seit etwa 30 Jahren wird die Welt der Tabellenkalkulationen von einem König regiert: Microsoft Excel. Sicher, es gab weit entfernte Herausforderer, die versuchten, das Tier zu überholen - ich schaue dich an, Lotus 1-2-3 - aber keiner ist nahe daran gekommen, das mächtige Werkzeug zu entthronen.... bis zu Google Sheets.

Was ist also Google Sheets? Es ist eine Cloud-basierte Kalkulationstabelle. Denken Sie an Excel, aber online. "Aber Excel ist online", sagen Sie. Ja!

Aber Google war zuerst da und hat in diesem Bereich wirklich den Vorteil gegenüber Excel. Es ist schneller und einfacher für die Zusammenarbeit zu nutzen.

Google Sheets ist ebenfalls kostenlos; Excel hat monatliche/jährliche Abonnements.

Excel vs. Google Sheets: Was ist das Richtige für mich?

Wenn Sie Google Sheets nach bloßem Aussehen beurteilen, könnten Sie denken, dass es ein Klon war. Es hat Tabs, es hat Zellen, und, verdammt, sogar die Formeln sind weitgehend gleich!

Also, was ist der Unterschied?!

Nehmen wir das Offensichtliche. Zum jetzigen Zeitpunkt können Sie 5.000.000.000 Zellen zu Google Sheets; Microsoft Excel? hinzufügen. 17.179.869.869.184 Zellen.

Wie peinlich, oder? Wie um alles in der Welt kann man mit nur 5.000.000.000 Zellen etwas erreichen!

Abgesehen davon sagt Ihnen diese Zahl eines: Excel ist die beste Software für große Unternehmen, die Budgets über Dutzende von Jahren hinweg verwalten. Aber für den Rest von uns ist diese Zahl wirklich egal. Eine Tabellenkalkulation mit 5.000.000 Zellen ist ausreichend. In dem Moment, in dem Sie auf Zelle 5.000.001 kommen, haben Sie es hoffentlich in der Welt geschafft und Ihr Unternehmen verkauft. Sie leben jetzt auf einer privaten Insel, wo Sie Lamas ohne Sattel am Strand reiten. Warum Lamas? Weil Sie lächerlich reich sind und Pferde einfach zu bürgerlich erscheinen.

Es gibt noch eine andere Sache, die über diese Zahl aussagt. Es geht um Geschwindigkeit.

Was meine ich damit? Der Grund, warum Google Zellen einschränkt, liegt darin, dass in einer Cloud-Umgebung, je mehr Zellen Sie hinzufügen, desto langsamer wird es. Excel kann sich eine verrückte Anzahl von Zellen leisten, weil es lokal installiert ist. Solange Sie einen guten Computer mit viel Speicher haben, können Sie eine fast endlose Anzahl von Zellen haben und müssen sich keine Sorgen machen, dass sich die Dinge verlangsamen.

Auch hier ist den meisten von uns die Geschwindigkeit wahrscheinlich egal. Wir arbeiten mit kleineren Tabellenkalkulationen und bemerken keine Verzögerungen. Aber, und es ist ein großer, aber, die Dinge verlangsamen sich, wenn man mit Tausenden von Zellen in Google arbeitet, und das kann für die Produktivität problematisch sein.

Der Hauptgrund für den Wechsel zu Google Sheets ist jedoch die Zusammenarbeit. Google ist der König, wenn es um die Zusammenarbeit geht. Wenn Sie an einem Budget mit einer Gruppe von Personen arbeiten, dann ist Google der richtige Weg.

Der Google Sheets Crashkurs

Die ersten drei Schaltflächen sind ziemlich einfach: Rückgängig machen, wiederholen, was Sie eingegeben haben, und drucken. Der letzte ist der Format-Maler, mit dem Sie den Stil einer Zelle in eine andere Zelle kopieren können. Um es zu verwenden, klicken Sie auf die Zelle, die Sie kopieren möchten, wählen Sie den Format-Maler aus, und klicken Sie dann auf die Zelle, in die Sie den Stil einfügen möchten.

Standardmäßig wird eine Kalkulationstabelle zu 100% angezeigt; wenn Sie mit einem größeren Blatt arbeiten und mehr Zellen auf Ihrem Bildschirm sehen möchten, können Sie damit verkleinern - oder auch vergrößern und weniger Zellen auf Ihrem Bildschirm sehen.

Die nächsten fünf Optionen sagen der Zelle, was der Inhalt ist. $ verwandelt es in Währung; % verwandelt es in einen Prozentsatz; die nächsten beiden verschieben die Dezimalstellen vorwärts und rückwärts; und schließlich gibt Ihnen die 123 zusätzliche Optionen, um der Zelle mitzuteilen, was es ist - Klartext, eine wissenschaftliche Formel, ein

Datum, etc. Dies ist auch nützlich, wenn Sie eine Zahl haben, aber Sie möchten, dass Google sie wie reinen Text behandelt.

$ %   .0   .00   123 ▼

Wenn Sie irgendeine Art von Produktivitätssoftware verwendet haben, dann sollten Sie die nächsten beiden Optionen kennen; wenn Sie unter einem Felsen waren: Dies ist die Schriftart und die Schriftgröße.

Arial   ▼   10   ▼

Neben der Schriftart befindet sich der Schriftformatierer; hier können Sie fett gedruckt, kursiv gedruckt, durchgestrichen (d.h. eine Linie durch die Mitte des Textes gesetzt) oder die Zahl ändern.

B   I   S̶   A̲

Der nächste Satz von Optionen bezieht sich auf den Zellenstil; Sie können die Füllfarbe, den Zellrahmen und die Zusammenführung von Zellen ändern. Um Zellen zusammenzuführen, markieren

Sie die Zellen, die Sie zusammenführen möchten, und klicken Sie dann auf diese Option.

Begründung und Platzierung werden in den nächsten vier Optionen verwaltet. Hier können Sie zentrieren/rechts/links ausrichten, den Inhalt nach unten/mitte/oben in die Zelle verschieben, den Text umbrechen (standardmäßig wird der Text einfach in die nächste Zelle überlaufen, es sei denn, Sie ändern die Größe der Zelle; diese Option sagt ihm, dass der Text in die nächste Zeile gehen soll, ähnlich wie beim Drücken der Eingabetaste, da die Eingabetaste in Sheets nicht funktioniert); und schließlich den Text drehen, was Sie auch die Richtung des Textes ändern lässt.

Der letzte Satz von Optionen besteht darin, Dinge in eine Zelle einzufügen. Sie können einen Link, Kommentar, Diagramm, Filter oder eine Funktion einfügen.

Auf der anderen Seite befindet sich ein Pfeil nach oben. Dadurch wird die Symbolleiste einfach ein- oder ausgeblendet.

[2]

ERSTE SCHRITTE MIT GOOGLE SHEETS

Okay, also wie genau verwenden Sie Google Sheets? Wie alles andere in der Google Suite-Familie! Die Schönheit von Google ist, wenn man einmal einen gelernt hat, andere zu lernen ist ziemlich einfach.

Hier ist ein Refresher: Geben Sie drive.google.com ein.

Sobald Sie Ihr Google-Konto haben (hoffentlich haben du es inzwischen), sind Sie fertig. Wiederholen Sie den obigen Schritt und das Browserfenster sollte eher wie das folgende aussehen.

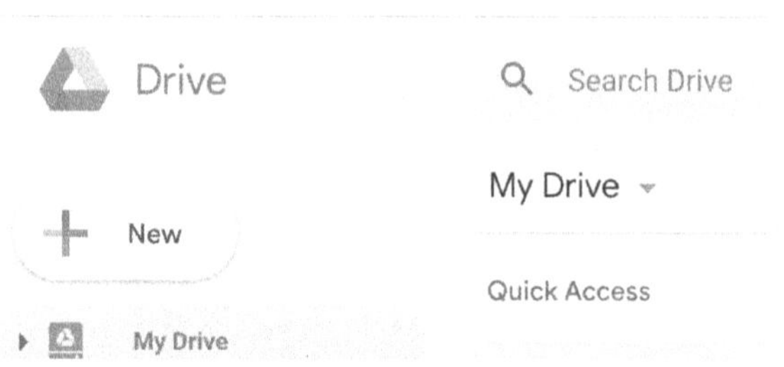

Erstellen des ersten Blattes

Jetzt, da Sie Ihr Konto haben, lassen Sie uns ein Dokument erstellen. Klicken Sie auf die Schaltfläche "Neu" und fahren Sie dann mit der Maus über Google Sheets; es gibt zwei Möglichkeiten: "Leeres Dokument" und "Aus einer Vorlage. " Wählen Sie zunächst "Von einer Vorlage aus". " Ich werde die Vorlagen etwas später behandeln.

An dieser Stelle werden Sie zum Editor von Google Sheets weitergeleitet. Hier erledigen Sie die eigentliche Arbeit. Alles ist so konzipiert, dass es genau wie Excel oder Zahlen funktioniert.

Werfen Sie einen Blick in die linke obere Ecke Ihrer Google Sheets. Sie sehen ein Textfeld mit der Aufschrift "Untitled Document. " Klicken Sie darauf.

Sie werden nun mit einem Feld aufgefordert, das Dokument umzubenennen. Ich habe "My Glorious Google Sheet!" gewählt, aber Sie Können alles eingeben, was Sie wollen. Wenn Sie fertig sind, drücken Sie die Eingabetaste.

Sobald Sie das getan haben, ändert sich die obere Leiste und spiegelt den neuen Namen wider, den Sie gewählt haben:

My Glorious Google Sheet! in My Drive
File Edit View Insert Format Data Tools Add-ons Help All changes saved in Drive

Sehen Sie den Text auf der rechten Seite, wo es heißt: "Alle Änderungen gespeichert"? Das ist eine weitere tolle Sache bei Google Sheets:

All changes saved in Drive

In einem Zug purer Brillanz haben sich die Leute von Google entschieden, die Speicherung von Dokumenten vollständig zu automatisieren. Während Sie schreiben, speichert Google Ihr Projekt und sagt Ihnen, wann es das zuletzt gemacht hat. Wenn Sie wollen, können Sie weitermachen und sparen, aber es ist praktisch unnötig. Google Sheets speichert, nachdem Sie jedes neue Wort eingegeben haben.

Öffnen eines gespeicherten Dokuments

Machen Sie sich keine Sorgen, dass Sie aus Versehen Ihre Rechnung schließen. Wenn Sie das Backup öffnen, bringt Sie Google direkt zu Ihrer Dokumentenliste zurück. Sie sollten Ihr Dokument ganz oben in dieser Liste unter "Schnellzugriff" sehen. "

Wenn Sie gerade erst anfangen, wird es auch das einzige Blatt sein, das Sie sehen, und Sie können es unter dem Schnellzugriff aufrufen.

Die Listenansicht sieht wie die obige aus - sie gibt den Namen, den Eigentümer und die Bearbeitungszeit an. Die Rasteransicht ist eher eine Miniaturansicht des Blattes.

Beachten Sie, wie "Autor" und "Zeitdauer der Bearbeitung" verschwunden sind?

Was ist besser? Es ist eine Vorliebe, aber wenn Sie mit Dutzenden von Dateien arbeiten, dann wird die Rasteransicht wahrscheinlich nicht ideal sein, es sei denn, Sie müssen Vorschauen sehen.

Um zwischen den beiden umzuschalten, klicken Sie auf diese Symbole in der oberen Ecke:

Liste ist die horizontale Linie, und Gitter ist die sechs quadratischen Felder.

Die zuletzt angesehenen und bearbeiteten Dateien nehmen den ersten Platz ein.

Wenn Sie auf das gewünschte Blatt oder Dokument doppelklicken, öffnet es sich direkt im Browser, und wir können weiter schreiben. Es ist wie das Öffnen eines Excel- oder Numbers-Dokuments auf Ihrem Heimcomputer.

Die Grundlagen

Nachdem wir nun unseren Schnellkurs absolviert haben, lassen Sie uns einige Zahlen hinzufügen und sehen, wie dieses Ding funktioniert.

Ich beginne mit dem Hinzufügen einiger Jahre; wie jede gute Tabellenkalkulationssoftware ist Google ziemlich gut darin, zu raten. Wenn es ein Muster gibt, dann können Sie die Zellen automatisch füllen. Im folgenden Beispiel habe ich zwei Jahre hinzugefügt: 1900 und 1901. Wenn ich diese beiden Zellen hervorhebe, gibt es eine kleine blaue Box:

	A
1	Year
2	1900
3	1901

Wenn ich dieses blaue Kästchen nach unten ziehe, wird Google korrekt vorhersagen, dass ich

Jahre einführe und ein Jahr pro Zelle hinzufügen werde, solange ich ziehe:

	A
1	Year
2	1900
3	1901
4	1902
5	1903
6	1904
7	1905
8	1906
9	1907
10	1908
11	1909
12	1910
13	

Für dieses Beispiel werde ich eine weitere Spalte erstellen, die zeigt, wie viele Babys geboren wurden, dann zwei Felder, um die Gesamtzahl der Babys und die durchschnittlichen Babys anzuzeigen.

Um die Gesamtzahl zu erhalten, gehen Sie in die Zelle und geben Sie "=sum(" ein. Google wird wahrscheinlich automatisch markieren, was Sie zu wollen glauben, aber wenn nicht, dann markieren Sie einfach die Zellen, die Sie addieren möchten, und drücken Sie dann Enter/Return:

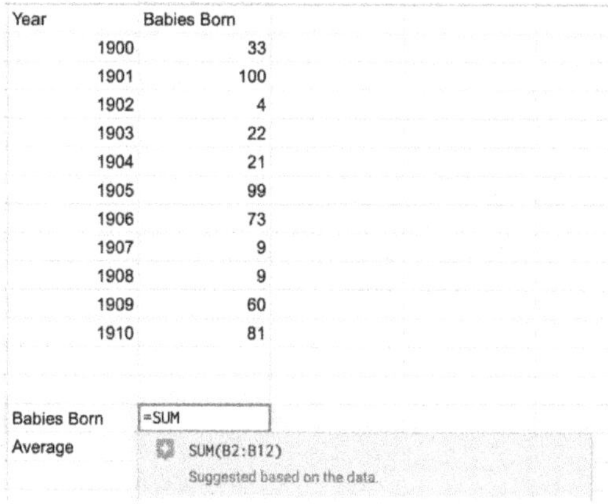

Die gleiche Methode wird für Durchschnittswerte verwendet, aber Sie geben =average(statt summieren ein:

In Sekundenschnelle kennen wir heute die Anzahl der geborenen Babys sowie den Durchschnitt aller Jahre:

Year	Babies Born
1900	33
1901	100
1902	4
1903	22
1904	21
1905	99
1906	73
1907	9
1908	9
1909	60
1910	81
Babies Born	511
Average	46.45454545

Nicht zufrieden damit, wie es aussieht? Sie können die einfache Formatierung wie in einem Google Doc oder Word Doc anwenden:

Year	Babies Born
1900	33
1901	100
1902	4
1903	22
1904	21
1905	
1906	73
1907	9
1908	9
1909	60
1910	81
Babies Born	412
Average	41.2

[3]

JENSEITS DER GRUNDLAGEN

Erstellen eines Diagramms

Menschen sind visuell. Zahlen sind nicht sehr sexy. Man braucht Bildmaterial, um sie zum Platzen zu bringen.

Bevor wir tiefer in die lustige Welt der Funktionen eintauchen, lassen Sie uns den Spaß an den Funktionen aufgeben und etwas Spaß machen: ein Diagramm.

Ich nehme das obige Beispiel und erstelle eine Grafik, die die pro Jahr geborenen Babys etwas visueller darstellt.

Zu Beginn möchte ich hervorheben, was ich zeigen möchte; in meinem Beispiel nur den oberen Teil - das Diagramm muss nicht die Summen oder Durchschnitte anzeigen:

	A	B
1	Year	Babies Born
2	1900	33
3	1901	100
4	1902	4
5	1903	22
6	1904	21
7	1905	99
8	1906	73
9	1907	9
10	1908	9
11	1909	60
12	1910	81
13		
14		
15	Babies Born	511
16	Average	46.45454545

Gehen Sie anschließend in die Symbolleiste und klicken Sie auf das Diagrammsymbol:

Und einfach so haben wir ein schönes Liniendiagramm, das unsere Daten darstellt:

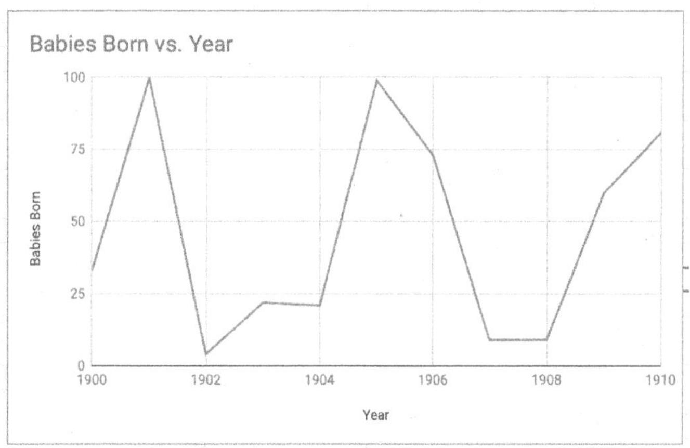

Ich weiß, ich weiß... Sie sitzen da und denken nach: Leinen! Ich hasse Linien!

Mach dir keine Sorgen! Sie verwenden den Diagrammeditor, der eine Diagrammbibliothek öffnet, um Dutzende anderer Diagramme zu erstellen:

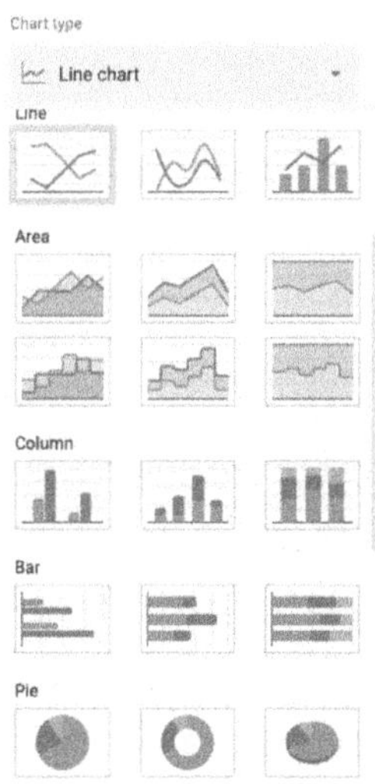

Wenn Sie so aufgeregt waren, als das Diagramm auf Ihrem Bildschirm angezeigt wurde, dass Sie versehentlich den Diagrammeditor geschlossen haben, dann doppelklicken Sie einfach auf das Diagramm und es öffnet sich wieder:

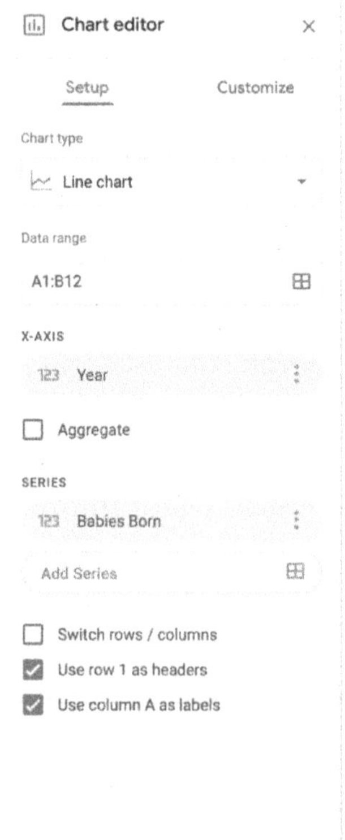

Mit diesem Editor können Sie den Bereich ändern (Sie fügen z.B. weitere Zeilen hinzu und möchten, dass sie dargestellt werden) oder die Datenanzeige umkehren - Sie möchten die Jahre auf den Zeilen anzeigen, nicht die Anzahl der geborenen Babys.

Google hat seine eigene Vorstellung davon, was schön ist. Es ist wahrscheinlich anders als bei dir. Sie wollen keine blaue Linie! Sie wollen eine rote Linie! Sie hassen den schwarzen Text! Sie wollen Grün! Wenn es eine Sache gibt, für die die Leute von Spreadsheet bekannt sind, dann ist es ihr unglaubliches Talent, Zahlen sexy aussehen zu lassen. Keine Sorge! Sie Können hier fast alles anpassen.

Wenn Sie sexy wieder in Ihr Chart bringen wollen, dann gehen Sie einfach in Ihren Editor und wählen "Anpassen" direkt neben "Einrichten". "

Von hier aus können Sie von Abschnitt zu Abschnitt gehen und Farben, Schriften und mehr ändern:

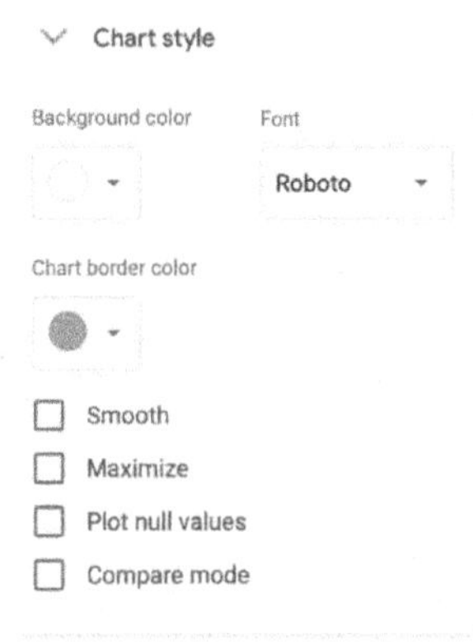

Sie können auch die Gitterlinien am unteren Rand ändern:

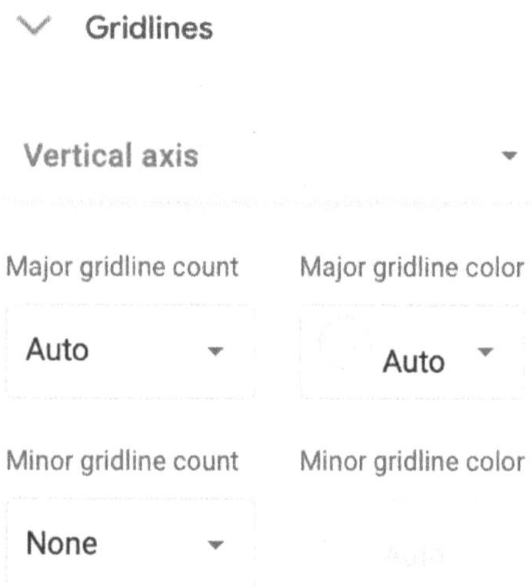

Standardmäßig wird Google das Diagramm einfach unbequem über Ihre Daten kleben. Wenn Sie darauf klicken, Sehen Sie einen Haufen kleiner blauer Kästchen. Das bedeutet, dass Sie die Größe entweder ändern (klicken Sie auf eine und ziehen Sie sie hinein/aus, um sie größer/kleiner zu machen) oder verschieben Sie sie:

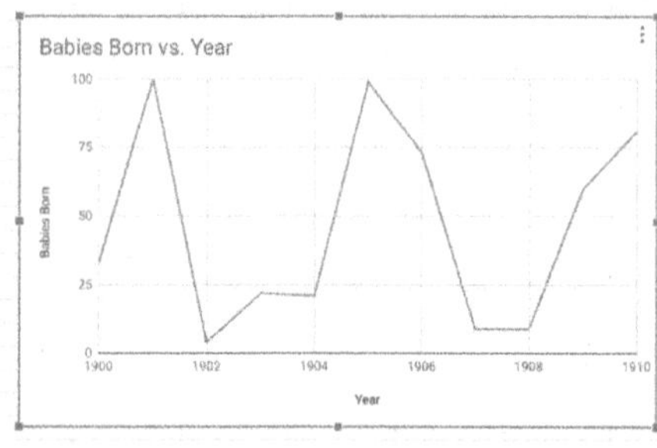

Sie werden auch drei kleine Kästchen in der oberen rechten Ecke des Diagramms sehen. Das ist ihr Chart-Menü. Klicken Sie darauf und Sie sehen mehrere Optionen:

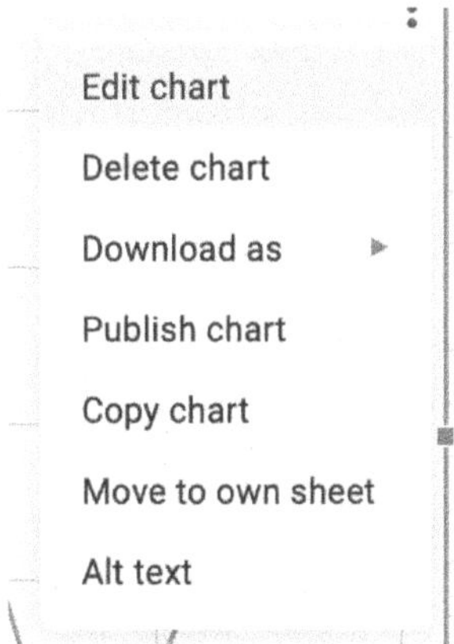

Download als hilfreich, wenn Sie es als Anhang oder Präsentation in E-Mails einfügen möchten. Sie können es als Bild oder PDF herunterladen.

Sie können das Diagramm auch kopieren und in eine andere Google-App wie Google Slides oder Google Docs einfügen. Klicken Sie einfach darauf und machen Sie STRG+C auf Ihrer Tastatur, um sie zu kopieren, und STRG+V, um sie einzufügen.

Funktionell Ihre

Nun, da wir etwas Spaß hatten, lasst uns ernsthaft werden und die Funktionen kennenlernen.

Was ist eine Funktion genau? Nun, wir haben bereits von zweien gehört: Summe und Durchschnitt. Funktionen sind die Formeln, die Sie in Zellen eingeben, um Google anzuweisen, eine Gleichung zu berechnen.

Es gibt viele Funktionen. Gehen Sie in Ihre Symbolleiste und klicken Sie auf die Funktionstaste, und Sie können sehen, was ich meine!

Die wichtigsten, die Sie verwenden, stehen ganz oben, was hilfreich ist; darunter hat Google zusätzliche kategorisiert.

Da dieses Buch dazu gedacht ist, Ihnen einen schnellen Einstieg zu ermöglichen und Ihnen nicht alle Funktionen beizubringen, die Sie nie benutzen werden, werde ich hier nicht auf jede einzelne

Funktion eingehen. Das Ziel ist es, Ihnen zu zeigen, wie sie funktionieren. Wenn es also eine gibt, die hier nicht abgedeckt ist und die Sie verwenden möchten, werden Sie wissen, wie.

Ich empfehle dir, ein paar Minuten damit zu verbringen, dir die Liste oben anzusehen und zu sehen, ob es etwas gibt, das nützlich für das ist, was Sie tun. Es gibt hunderte von Funktionen.

Um eine der Funktionen in dieser Liste zu verwenden, gehen Sie in die Zelle, in der Sie die Gleichung anzeigen möchten, und klicken Sie dann auf die Funktionsoption und wählen Sie die gewünschte Funktion aus; von hier aus wählen Sie Ihren Datenbereich. Sobald es ausgewählt ist, drücken Sie Return/Enter.

Wenn Sie später entscheiden, dass Sie die Funktion bearbeiten müssen, gehen Sie in die linke obere Ecke - direkt unter der Symbolleiste. Sehen Sie die fx? Wenn Sie eine Zelle mit einer Funktion auswählen, wird sie hier angezeigt. Klicken Sie dort hinein, und aktualisieren Sie dann den gewünschten Bereich.

Das ist auch derselbe Ort, an dem Sie alles in einer Zellenfunktion oder ohne Funktion bearbeiten können.

So viele Funktionen.... die ich nicht will.

Google Sheets hat viele Funktionen. Es ist überwältigend, aber es hat nicht alles. Wenn Sie ein Power-Tabellen-Benutzer werden, könnten Sie feststellen, dass es hilfreich wäre, etwas zu tun, für das es keine Funktion gibt.

Das bedeutet nicht, dass Sie es nicht können. Es ist nur etwas komplizierter. Es gibt noch viele weitere Dinge, die Sie tun können, indem Sie ein Skript erstellen. Mit Skripten können Sie grundsätzlich Ihre eigene Funktion programmieren.

Skripte finden Sie unter Tools > Scripts Editor.

Dies wird eine separate Google-App für die Erstellung eines Skripts starten:

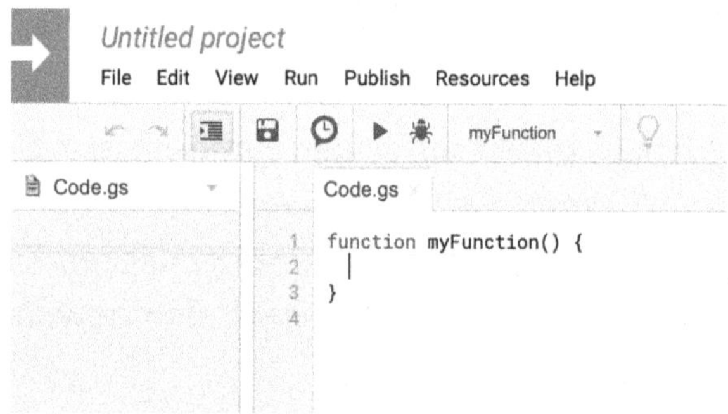

Nachfolgend finden Sie ein Beispiel dafür, wie ein Skript aussehen könnte:

```javascript
var ss = SpreadsheetApp.getActiveSpreadsheet();
var sheet = ss.getSheets()[0];

// The size of the two-dimensional array must match the size of
var values = [
  [ "2.000", "1,000,000", "$2.99" ]
];

var range = sheet.getRange("B2:D2");
range.setValues(values);
```

Sobald Sie Ihr Skript geschrieben haben, gehen Sie zu Publish > Deploy as Sheets add-on:

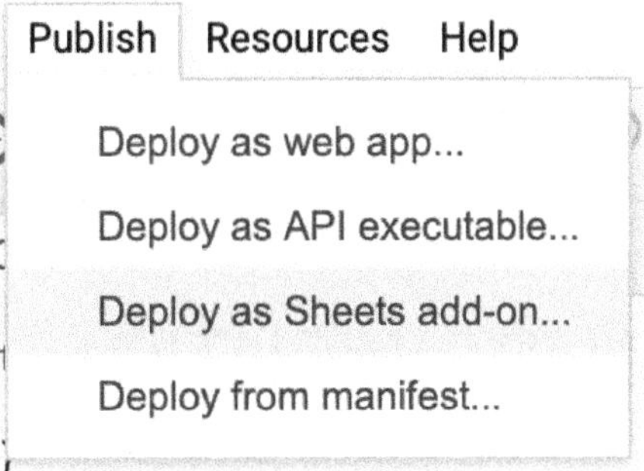

Das Thema Skripte ist viel zu kompliziert für dieses Buch, aber es gibt viele Ressourcen sowohl in der Scripts App als auch online, wenn dies eine Arena ist, in der Sie später tiefer einsteigen möchten.

[4]
TEILEN IST WICHTIG

Teilen Sie Ihr Blatt

Jetzt, da Sie sich auskennen, sind Sie bereit für Feedback von anderen.

Wenn Sie wissen, wie man ein Google Doc. teilt, dann haben Sie Glück! Das Teilen von Sheets ist das gleiche. Brauchen Sie eine Auffrischung?

Schauen Sie in der oberen rechten Ecke nach oben. Sehen Sie den blauen Knopf mit der Aufschrift Share? Klicken Sie darauf. Es wird mehrere verschiedene Freigabemöglichkeiten eröffnen.

Wenn Sie darauf klicken, öffnet sich ein Freigabefenster und Sie erhalten eine Reihe von verschiedenen Optionen.

Es gibt einige Möglichkeiten, es zu teilen:
1. Geben Sie ihre E-Mail-Adresse ein und lassen Sie Google den Rest erledigen.
2. Manuell (siehe unten).

Wenn Sie jemandem eine E-Mail schreiben, können Sie auch genau steuern, was er tun kann. Klicken Sie auf das kleine Bleistift-Symbol. Standardmäßig bedeutet dies, dass sie das Dokument bearbeiten können. Sie Können es so ändern, dass sie nur Kommentare zu dem Dokument abgeben können, oder dass sie nur das Dokument ansehen können:

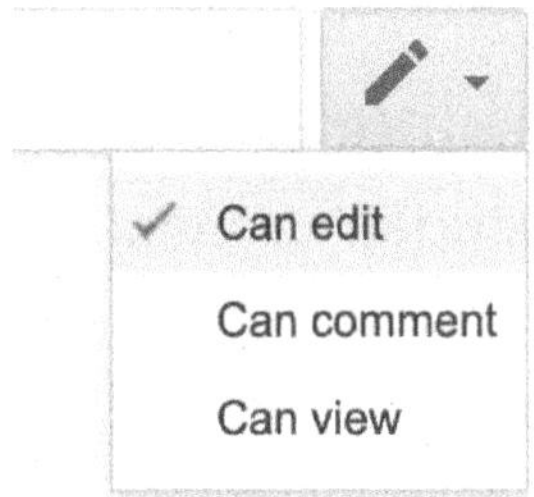

Sie können auch am unteren Rand des Freigabemenüs auf Fortschritt klicken und ein paar weitere Funktionen nutzen - wie z.B. das Deaktivieren des Druckens:

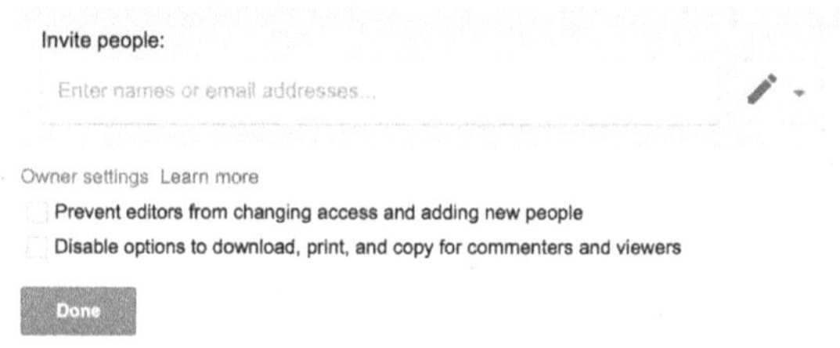

Aber sagen wir mal, Sie wollen dem ersten Mann keine E-Mails schicken. Nehmen wir an, Sie wollen ihm nur einen Link geben - auf diese Weise muss er sein Google-Konto nicht benutzen, um es zu öffnen. Führen Sie dazu die obigen Schritte aus, aber klicken Sie in der oberen Ecke des Feldes auf "Get shareable link". "

Get shareable link

Sobald Sie darauf klicken, erhalten Sie einen teilbaren Link - er kopiert sogar den Link, so dass Sie, wenn Sie STRG-V drücken (oder mit der rechten Maustaste einfügen), diesen Link an beliebiger Stelle einfügen können.

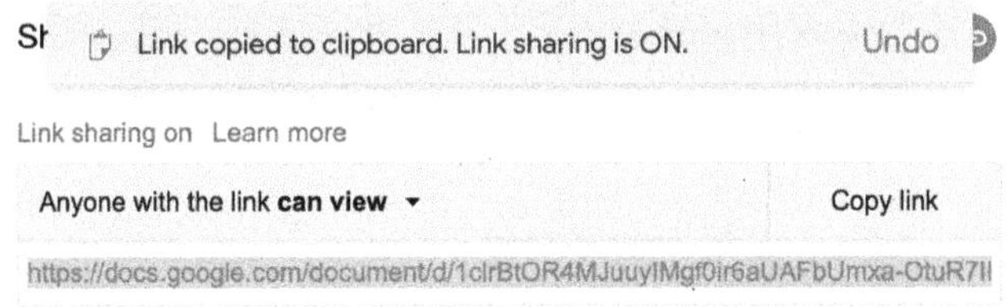

Wenn Sie auf Kann anzeigen klicken, erhalten Sie ein Dropdown-Menü mit weiteren Funktionen. Es sieht ähnlich aus wie das andere Dropdown-Menü oben, aber es gibt eine Option, die "mehr" sagt. "

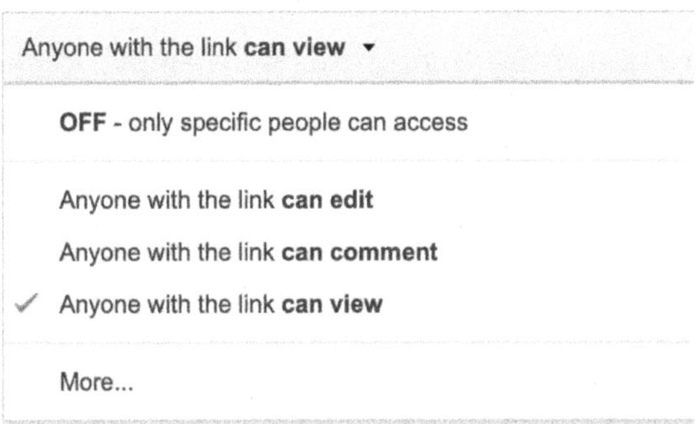

Wenn Sie auf "Mehr" klicken, erhalten Sie einige zusätzliche Funktionen - wie z.B. die Veröffentlichung des Dokuments in Suchmaschinen, damit es jeder finden kann.

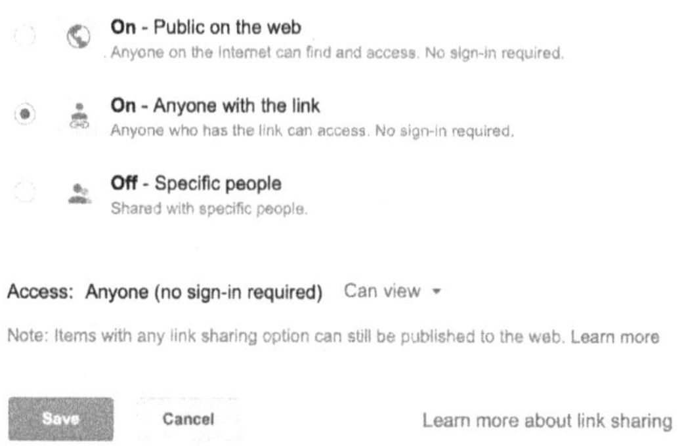

Sie können die Freigabe jederzeit deaktivieren, indem Sie auf die Schaltfläche "Teilen" klicken; sobald sie deaktiviert ist, wird jeder, der zu diesem Link geht - auch wenn er schon einmal dort war - sie nicht mehr sehen können. Wenn Sie einer Person eine E-Mail geschickt haben, ist sie immer noch ein Betrachter, bis Sie sie entfernen.

Wenn Sie eine Person haben, die Google Sheets wirklich hasst und sich weigert, Ihr Dokument in etwas anderem als Word anzuzeigen, können Sie Ihre Arbeit in Google Docs in ein Excel-Dokument exportieren, so dass Sie nicht alle Kopier- und Schriftartenvorgänge selbst durchführen müssen. Klicken Sie einfach auf Datei --> Download als --> Excel; hier gibt es auch eine ganze Reihe anderer Exporte.

Bearbeiten und Zusammenarbeiten mit anderen Personen

Der einfachste Weg, Kommentare in einer Kalkulationstabelle abzugeben, ist ein Rechtsklick und die Auswahl von Kommentar.

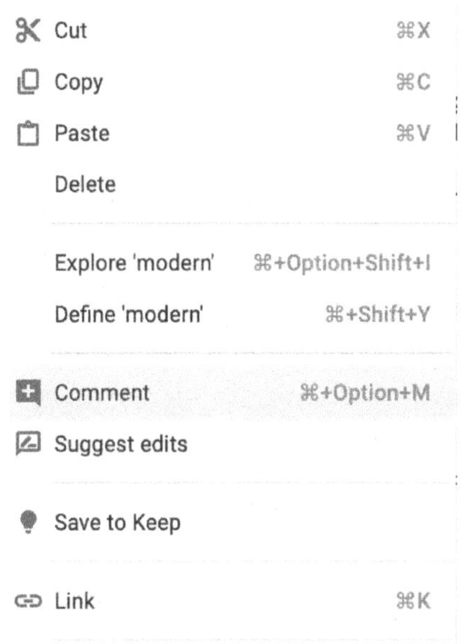

Sie können dies auch erhalten, indem Sie in der Symbolleiste Einfügen und Kommentar wählen.

In beiden Fällen wird das Kommentarfeld angezeigt. Fügen Sie Ihren Kommentar hinzu und aktivieren Sie das blaue Kommentarfeld, wenn Sie bereit sind, ihn zu veröffentlichen. Wenn Sie einen Kommentar hinzufügen (oder eine Änderung vornehmen), erfolgt dies in Echtzeit; das heißt, wenn die Person, die mit Ihnen zusammenarbeitet, das Dokument geöffnet hat, kann sie tatsächlich zusehen, wie Sie die Änderungen vornehmen und die Kommentare hinzufügen.

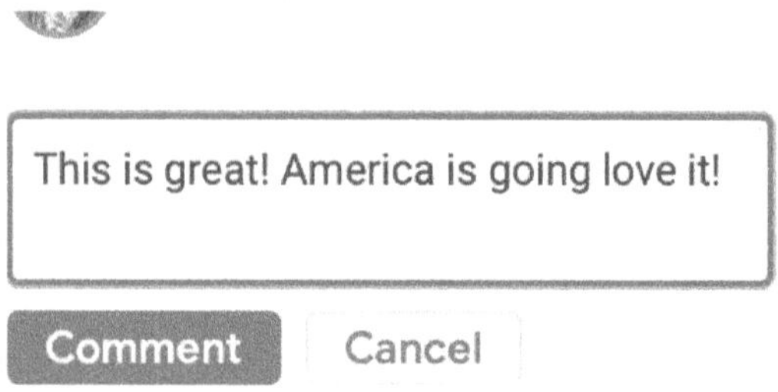

Wenn Sie mehrere Personen haben, die an dem Dokument arbeiten, können Sie "@" eingeben und eine Liste der Personen sehen, die Sie erwähnen können; wenn Sie sie erwähnen, wird Google sie benachrichtigen, damit sie eine Antwort zu Ihrem Kommentar hinzufügen können.

Sobald die Kommentare eingegeben wurden, wird sie auf der Seite von Google Sheets angezeigt.

Sie können den Kommentar löschen oder bearbeiten, indem Sie auf die drei kleinen Punkte auf der Seite des Feldes klicken.

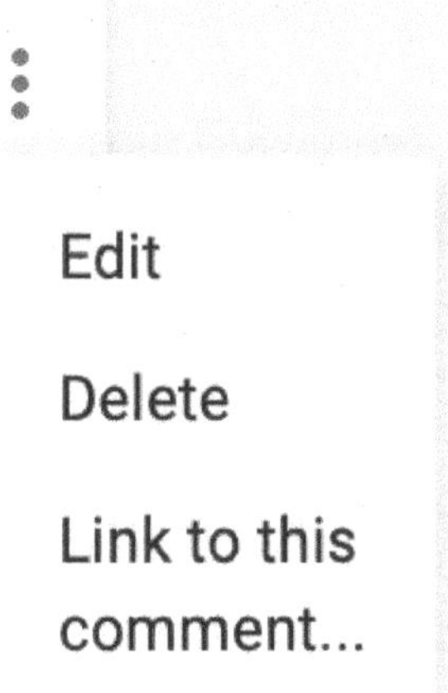

Die Person am anderen Ende wird in der Lage sein, den Kommentar zu lösen (das lässt ihn verschwinden, aber sie kann ihn rückgängig machen).

Oder sie können darauf antworten.

Um alle Versionen eines Dokuments anzuzeigen, gehen Sie zur Datei und sehen Sie sich die Versionen an.

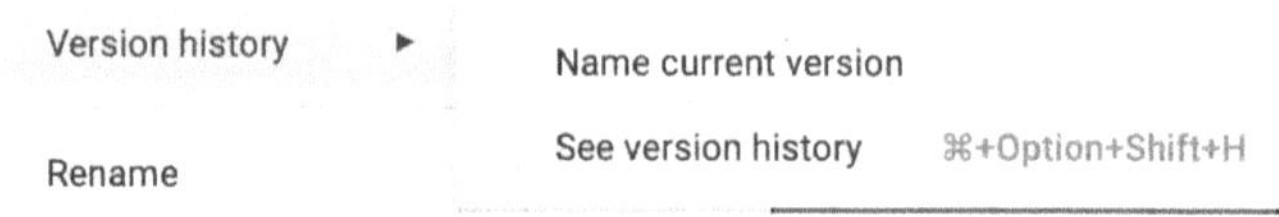

Wenn es viele Versionen geben wird, dann ist ein Vorschlag, jede einzelne zu benennen, die Sie hier machen können.

Wenn Sie auf Versionshistorie anzeigen klicken, erhalten Sie eine Liste aller Versionen. Wenn Sie auf jemanden klicken, wird diese Version angezeigt. Sie können es anzeigen oder sogar wiederherstellen.

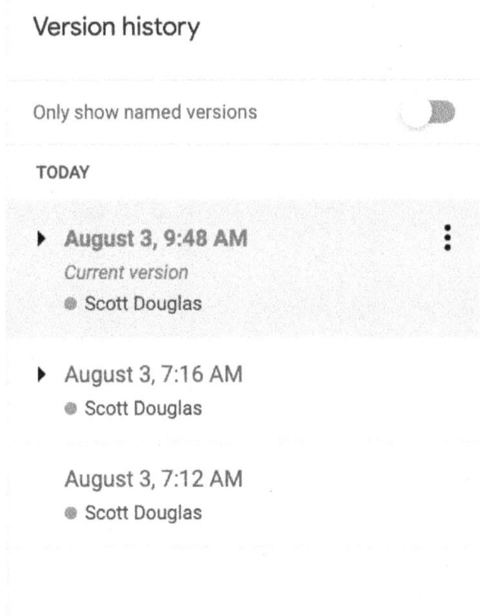

Um zum Dokument zurückzukehren, klicken Sie einfach auf die Schaltfläche Zurück im Menü (nicht auf die Schaltfläche Zurück im Browser).

Schützen einer Tabellenkalkulation

Google Sheets verfügt über eine zusätzliche Schutzschicht, die in Google Docs nicht zu finden ist. Um es anzuwenden, gehen Sie zu Extras > Blatt schützen.

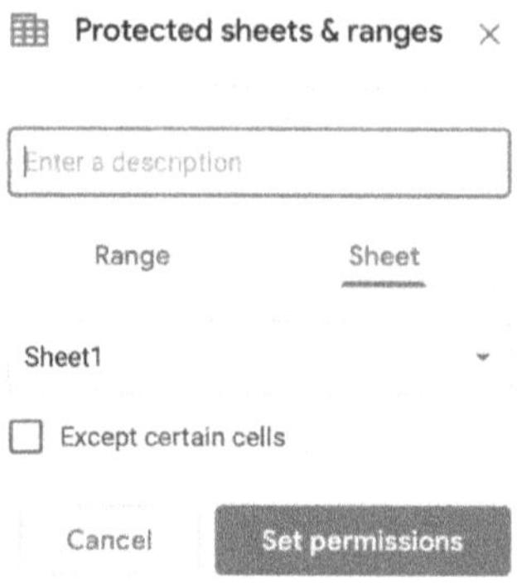

Von hier aus können Sie verschiedene Dinge tun:

Gib ihm eine Beschreibung - Warum braucht er eine Beschreibung? Weil Sie mehrere Differenzschutzarten erstellen können.

Wählen Sie den Bereich aus.

Berechtigungen festlegen - Sie können z.B. einer Person die Möglichkeit geben, Änderungen vorzunehmen und einer anderen die Möglichkeit, diese nur zu sehen.

Datenvalidierung

Nehmen wir an, Sie geben jemandem die Erlaubnis, das Blatt zu bearbeiten, und er fügt etwas Falsches hinzu; dieser Fehler bringt die gesamte Kalkulationstabelle durcheinander! Was jetzt? Sie haben Stunden damit verbracht, das Chaos herauszufinden, das sie angerichtet haben, oder?

Sicher, warum nicht! Aber warum stellen wir nicht sicher, dass sie dieses Chaos nicht von vornherein verhindern?

Mit der Datenvalidierung können Sie Regeln hinzufügen, damit Personen keine fehlerhaften Daten eingeben können. Nehmen wir zum Beispiel an, jemand kennt die Antwort nicht, also hat er einfach "? " oder "N/A. "Sie können eine Regel einrichten, die sie zwingt, nur eine Nummer zu verwenden.

Um einen hinzuzufügen, markieren Sie die Zellen, auf die Sie ihn anwenden möchten, und gehen Sie dann zu Daten > Datenvalidierung. Dadurch wird das Optionsfeld angezeigt.

Von hier aus müssen Sie Ihre Regel (oder Kriterien) festlegen.

Criteria:

    List from a range

    List of items

On invalid data: Number

    Text

Appearance:

    Date

    Custom formula is

    Checkbox

Meine Regel ist, dass die Daten hier eine Zahl zwischen 0 und 101 sein müssen. Wenn Sie wirklich ausgefallen sein willst, können Sie eine eigene Formel hinzufügen.

Criteria: Number ▾   between ▾   0 and 101

Als nächstes müssen Sie sagen, was passiert, wenn sie die Regel brechen. Wollen Sie es ablehnen oder einfach nur eine Warnung aussprechen? In meinem Fall geht es mir nur um Ablehnung. Aber ich bin auch ein netter Kerl, also werde ich ihnen sagen, warum ich sie ablehne.

On invalid data: ◯ Show warning ◉ Reject input

Appearance: ☑ Show validation help text:

Numbers Only!   Reset

Wenn nun jemand versucht, etwas anderes als eine Zahl hinzuzufügen, dann sag ihm, er soll diese Nachricht erhalten.

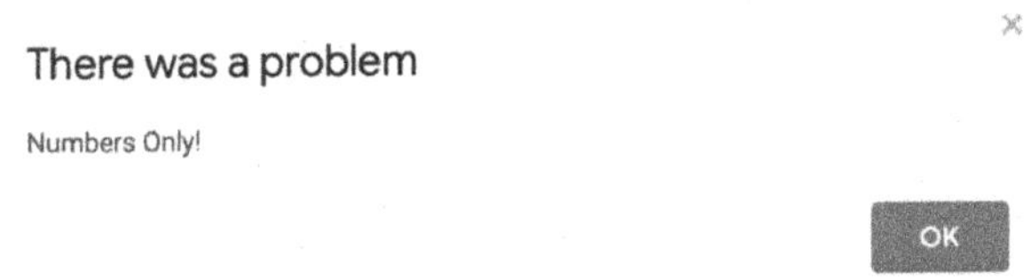

There was a problem

Numbers Only!

OK

[5]

DIES UND DAS

Umfragen zu den Daten

Ein Bereich Google Sheets hat Excel und andere Programme schlagen ist es die Umfrageintegration.

Mit Google Forms zur Erstellung einer Umfrage können Sie alle Antworten direkt in ein Google Sheet einfügen, damit Sie Ihre Ergebnisse zusammenstellen können.

Um zu beginnen, gehen Sie zu Einfügen > Formulare.

Dies wird einen separaten Tab mit der Google Forms-Anwendung starten.

Ich werde diese Umfrage einfach machen, aber wenn Sie sie aufpeppen wollen, gibt es alle möglichen Optionen, um Fotos hinzuzufügen und Stile zu ändern. Verwenden Sie das Menü auf der rechten Seite für diese Optionen.

Für meine Umfrage werde ich es zu einer Dropdown-Umfrage machen. Sie können den Fragetyp ändern, indem Sie das Dropdown-Menü auf der rechten Seite des Fragennamens auswählen; Sie können so viele Typen wie gewünscht in der Umfrage verwenden - z.B. könnte Frage eins eine Mehrfachauswahl sein und Frage zwei könnte ein Dropdown-Menü sein.

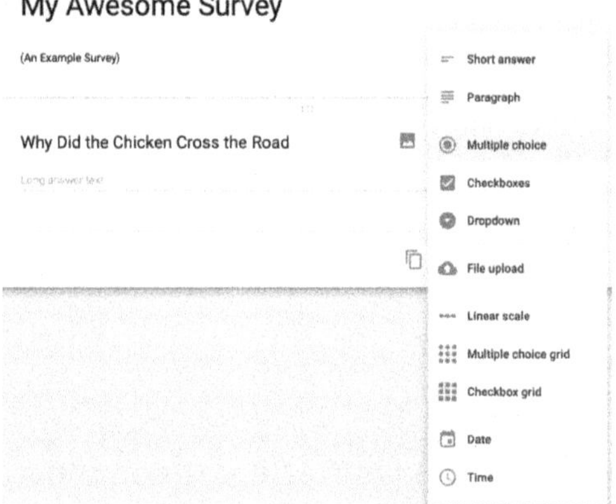

Dadurch werden unsere Antworten in editierbare Felder umgewandelt. Im Moment hat es Platz für zwei Fragen. Sobald ich aufhöre, die zweite Antwort einzugeben, wird ein Slot für eine dritte Frage hinzugefügt.

Mit jeder Frage werden weitere Antwortschlitze hinzugefügt.

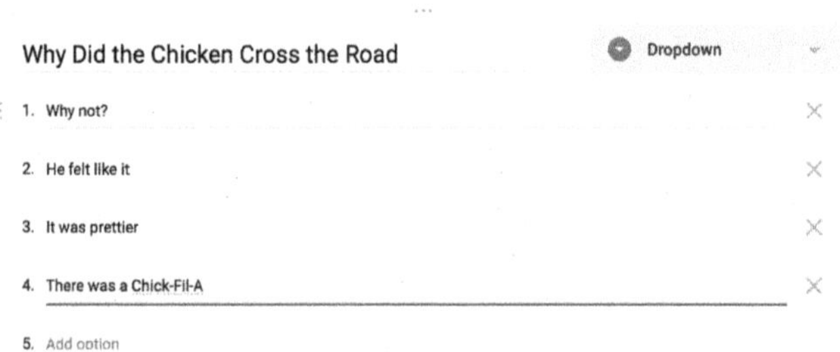

Wenn Sie fertig sind, klicken Sie auf die Schaltfläche "Formular senden" in der oberen rechten Ecke:

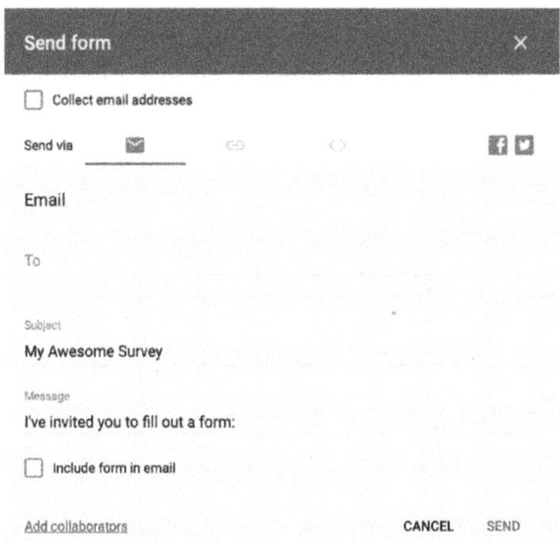

Ich möchte das Formular nicht an jemanden senden - ich möchte, dass es ein Link ist. Also werde ich auf das Link-Symbol neben der E-Mail klicken (es ist die mittlere).

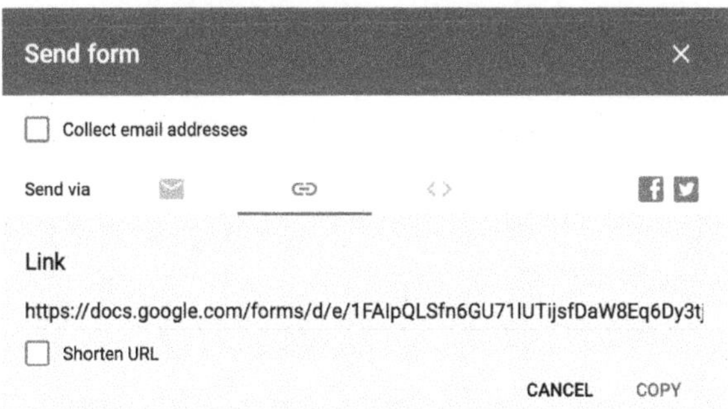

Wenn jemand zu meiner Umfrage geht, wird sie etwas anders aussehen als die, die im Editor war, weil alle Menüfelder weg sind.

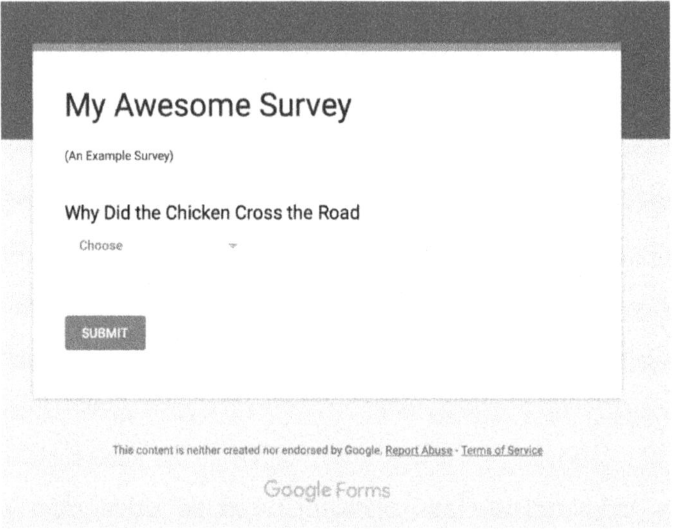

Sobald sie auf Senden klicken, sehen sie eine Bestätigung. Sie können dies zu einer benutzerdefinierten Bestätigung machen oder die standardmäßige Google-Bestätigung verwenden.

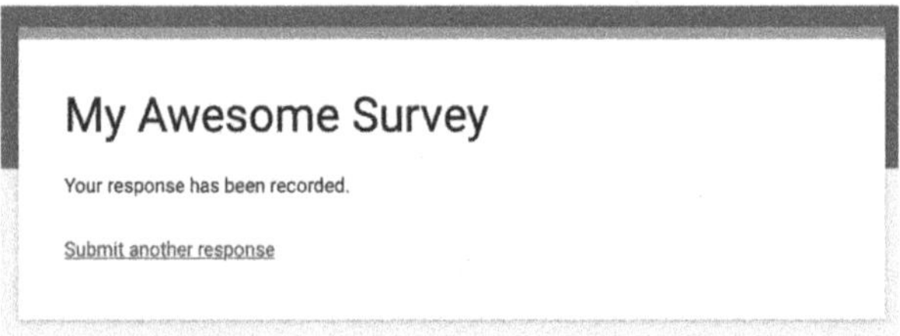

Nun, da Sie eine Antwort haben, gehen Sie zurück zu Ihrem Blatt und Sie werden sehen, dass

unten auf dem Blatt eine neue Registerkarte für
Formularantworten hinzugefügt wurde.

Klicken Sie darauf und Sie können sehen, was
die Person geantwortet hat.

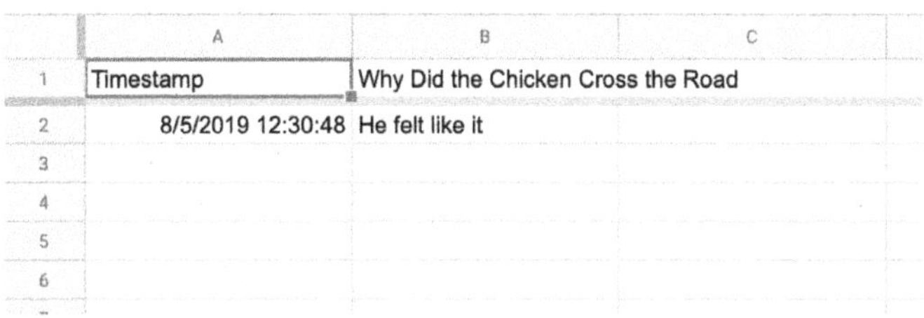

Wenn Sie Änderungen daran vornehmen
müssen, gehen Sie einfach in Ihrer Menüleiste auf
Formular.

Wenn Sie mehrere Formulare haben, wird diese Option in Ihrer Menüleiste nicht angezeigt, es sei denn, Sie befinden sich auf dieser Registerkarte. Wenn Sie die Option also nicht sehen, klicken Sie dann auf die Registerkarte für die Formularantworten und dann erscheint sie im Menü.

Wenn Sie sich entscheiden, das Formular zu löschen, unterscheidet es sich ein wenig von einem normalen Tab. Eine normale Registerkarte, klicken Sie mit der rechten Maustaste auf die Registerkarte und klicken Sie auf Löschen, es wird Ihnen sagen, dass Sie nicht können. Sie müssen es zuerst entkoppeln. Wie? Sachte!

Klicken Sie mit der rechten Maustaste auf die Registerkarte des Formulars, das Sie entkoppeln möchten, und wählen Sie Formular entkoppeln.

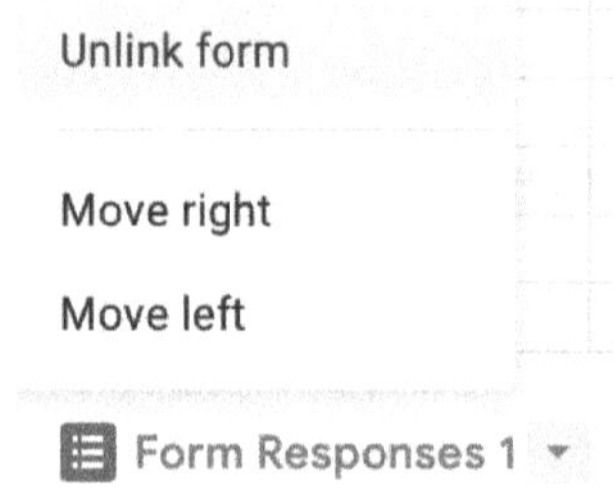

Sobald die Verknüpfung aufgehoben ist, können Sie sie löschen, indem Sie mit der rechten Maustaste klicken und Löschen wählen.

Dies und Das

Inzwischen sollten Sie eine wirklich gute Idee haben, wie Google Sheets funktioniert. Bevor ich dich verlasse, werde ich noch ein paar weitere Features behandeln, die Sie kennen sollten.

Standardmäßig basiert Google das Blatt auf Ihrem Google-Konto; wenn Ihr Google-Konto denkt, dass Sie in Spanien leben, dann wird das Blatt so eingerichtet.

Sie können dies ändern, indem Sie zu Datei > Tabellenkalkulationseinstellungen gehen.

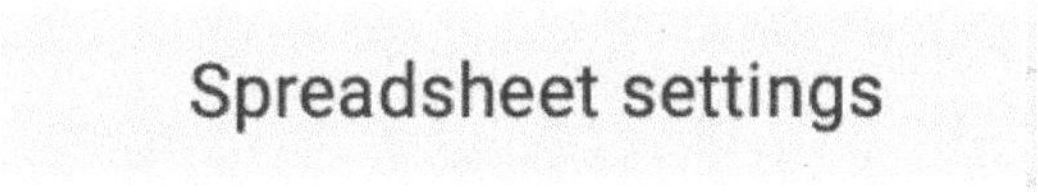

Spreadsheet settings

Dies ist hilfreich, wenn Sie z.B. in den Vereinigten Staaten leben, aber zufällig an einem Blatt für jemanden arbeiten, der in Großbritannien lebt. Sie können die Einstellungen ändern, so dass sie als Pfund anstelle von Dollar angezeigt werden.

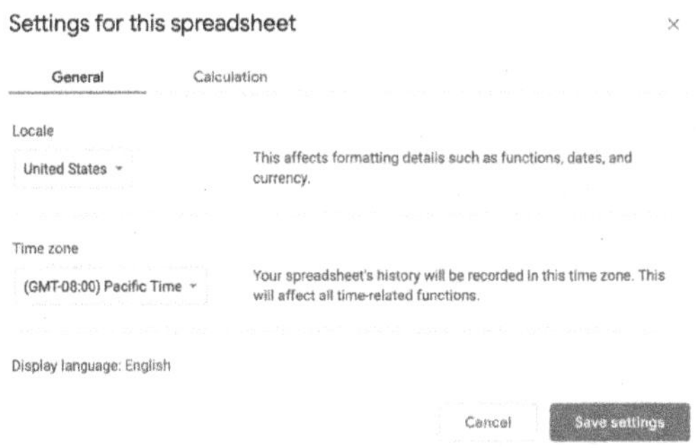

Wenn Sie mit der Arbeit an großen Dokumenten beginnen, wird es schwierig, Dinge zu finden. Stellen Sie sich vor, Sie haben 100.000 Zellen und müssen diejenige mit der Nummer "12a?b44" finden. Viel Glück dabei! Glücklicherweise gibt es unter dem Menü Bearbeiten etwas namens "Finden und Ersetzen".

Edit	View	Insert	Format	Data	To
↰ Undo				⌘Z	
↱ Redo				⌘Y	
✂ Cut				⌘X	
▯ Copy				⌘C	
▢ Paste				⌘V	
Paste special				►	
Find and replace				⌘+Shift+H	

Es findet nicht nur die Zelle, nach der Sie suchen, sondern auch, dass Sie sie durch etwas anderes ersetzen können. Zum Beispiel kann ich ihm sagen, dass er jedes Beispiel von "California" finden und durch "CA" ersetzen soll. "

Eine weitere praktische Funktion, wenn Sie viele Zeilen haben, ist die Freeze-Option. Das ist unter Ansicht > Einfrieren.

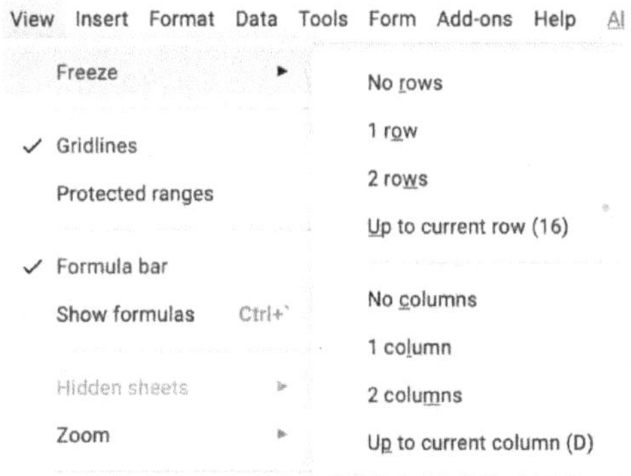

Was genau ist Freeze? Normalerweise haben Sie eine oberste Zeile, die einer Art Menü ähnelt. Es sagt der Ansicht, was sich in jeder Spalte befindet. Und dann haben Sie die erste Spalte, die etwas anderes beschreibend hat - zum Beispiel Daten. Stellen Sie sich vor, Sie haben 10.000 Reihen. Sie befinden sich in Zeile 2079, Spalte AA. Sie Können dich nicht erinnern, wofür diese Reihe steht. Wenn Sie die Freeze-Zeile aktiviert hätten, dann würde dieses Top-Menü (oder diese Seitenspalte) eingefroren, so dass Sie es immer sehen, egal wo Sie sich befinden.

Wenn Sie viele Formeln bearbeiten, gehen Sie zu Ansicht und aktivieren Sie "Formeln anzeigen". "Dies zeigt Ihnen die Formel anstelle der Antwort. Es ist hilfreich bei der Bearbeitung von Formeln.

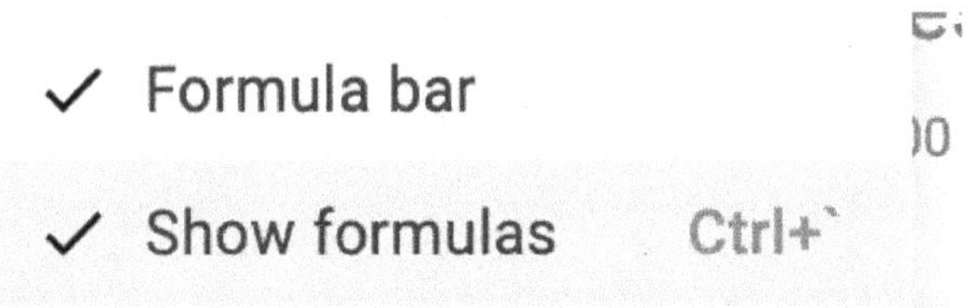

Wenn Sie sich in der Mitte eines großen Blattes befinden und in der Mitte eine Reihe hinzufügen müssen, wählen Sie dann die Reihe aus, der Sie sie hinzufügen möchten, gehen Sie dann zu Einfügen > und wählen Sie Reihe oben, Reihe unten oder irgendwo anders, wo Sie sie haben möchten.

Insert > Checkbox ist nützlich, wenn Sie Leute haben, die es ansehen und Sie möchten, dass sie bestätigen, dass sie etwas sehen.

Wenn Sie eine neue Registerkarte am unteren Rand Ihres Blattes hinzufügen möchten, können Sie entweder auf das + in der linken unteren Ecke des Blattes klicken oder auf Einfügen > Neues Blatt gehen. Um das Blatt zu löschen, klicken Sie mit der rechten Maustaste auf die Registerkarte und wählen Sie Löschen.

New sheet   Shift+F11

Sie haben bereits früher erfahren, wie Sie Regeln für ein Blatt mit Datenvalidierung festlegen. Sie können etwas Ähnliches mit dem Format machen. Dies finden Sie unter Format > Bedingte Formatierung.

Conditional formatting

Bei der bedingten Formatierung können Sie beispielsweise dem Blatt mitteilen, ob die Zelle leer ist, sie ist grün, aber wenn sie Inhalt hat, ist sie blau. Sie können es für run cell tun, oder mehrere Zellen markieren, um es für mehrere zu tun.

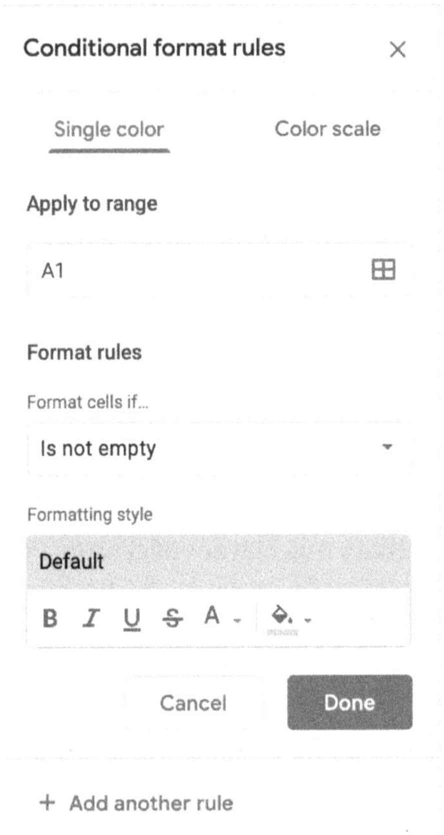

Conditional format rules ✕

Single color   Color scale

Apply to range

A1

Format rules

Format cells if...

Is not empty   ▾

Formatting style

Default

B *I* U S A ▾   ◇ ▾

Cancel   **Done**

\+ Add another rule

Wenn Sie mit einem großen Blatt arbeiten und sicherstellen möchten, dass kein doppelter Inhalt vorhanden ist, markieren Sie den Bereich und wählen Sie dann Data > Remove duplicates. Dies geht durch den Bereich und entfernt alles, was gleich ist.

Remove duplicates   New

Makros sind etwas komplex, sie helfen Ihnen, Sequenzen zur Automatisierung bestimmter Aufgaben zu erstellen. Ich werde sie hier nicht behandeln, aber wenn Sie sie verwenden wollen, finden Sie sie unter Tools > Macro.

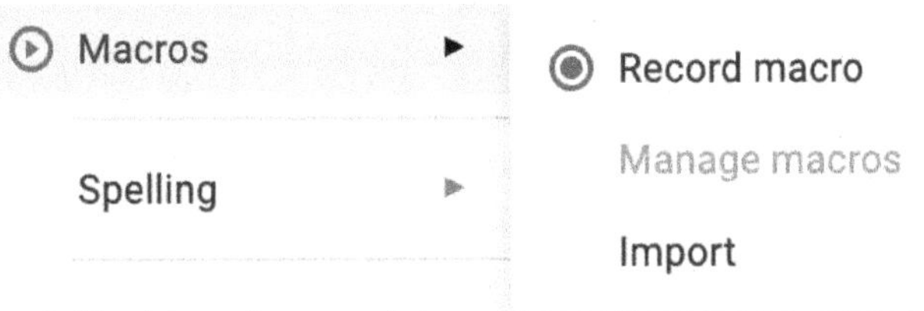

Ebenfalls unter Tools befinden sich Benachrichtigungsregeln.

Notification rules

Dies ist das, was Sie verwenden werden, wenn Sie benachrichtigt werden möchten, wenn jemand Ihr Dokument bearbeitet oder etwas zu Ihrer Umfrage hinzufügt. Sie können sich entweder sofort oder einmal täglich per E-Mail benachrichtigen lassen.

Set notification rules   Help   ✕

Notify me at roboscott@gmail.com when...

○ Any changes are made

○ A user submits a form

Notify me with...

○ Email - daily digest

○ Email - right away

Cancel   Save

Es gibt noch viel zu lernen, aber ich hoffe, dass Sie jetzt das Verständnis und die bequeme Handhabung von Sheets haben.

Wenn Sie viele Formeln kopieren und Fehler erhalten, versuchen Sie, nur die Werte einzufügen. Das heißt, es wird nur die Zahl und nicht die eigentliche Formel kopiert. Sie können dies tun, indem Sie STRG+Shift+V drücken, oder indem Sie auf Bearbeiten > Spezial einfügen gehen.

[6]

GOOGLE SHEETS TASTENKOMBINATIONEN FÜR DIE TASTATUR

Sie können alle Tastenkombinationen in Google Sheets sehen, indem Sie Hilfe > Tastenkombinationen wählen.

Zu Ihrer Information: Nachfolgend finden Sie einige der häufigsten, die Sie verwenden werden.

Common actions	
Select column	Ctrl + Space
Select row	Shift + Space
Select all	Ctrl + a
Undo	Ctrl + z

Redo	Ctrl + y
Find	Ctrl + f
Find and replace	Ctrl + h
Fill range	Ctrl + Enter
Fill down	Ctrl + d
Fill right	Ctrl + r
Copy	Ctrl + c
Cut	Ctrl + x
Paste	Ctrl + v
Paste values only	Ctrl + Shift + v

Format cells

Bold	Ctrl + b
Underline	Ctrl + u
Italic	Ctrl + i
Strikethrough	Alt + Shift + 5
Center align	Ctrl + Shift + e
Left align	Ctrl + Shift + l
Right align	Ctrl + Shift + r
Apply top border	Alt + Shift + 1
Apply right border	Alt + Shift + 2
Apply bottom border	Alt + Shift + 3
Apply left border	Alt + Shift + 4

Remove borders	Alt + Shift + 6
Apply outer border	Alt + Shift + 7
Insert link	Ctrl + k
Insert time	Ctrl + Shift + ;
Insert date	Ctrl + ;
Insert date and time	Ctrl + Alt + Shift + ;
Format as decimal	Ctrl + Shift + 1
Format as time	Ctrl + Shift + 2
Format as date	Ctrl + Shift + 3
Format as currency	Ctrl + Shift + 4
Format as percentage	Ctrl + Shift + 5
Format as exponent	Ctrl + Shift + 6
Clear formatting	Ctrl + \

Use formulas

Show all formulas	Ctrl + ~
Insert array formula	Ctrl + Shift + Enter
Collapse an expanded array formula	Ctrl + e
Show/hide formula help *(when entering a formula)*	Shift + F1
Full/compact formula help *(when entering a formula)*	F1

Absolute/relative references *(when entering a formula)*	F4
Toggle formula result previews *(when entering a formula)*	F9
Resize formula bar *(move up or down)*	Ctrl + Up / Ctrl + Down

TEIL 4: GOOGLE FOLIEN

[1]

GOOGLE FOLIEN CRASHKURS

Wie oft arbeiten Sie an einer Präsentation, zu der Sie absolut kein Feedback erhalten und keine Hilfe benötigen?

Vielleicht sind Sie der Typ, der gerne etwas zaubert und keine Übung oder Rückmeldung hat? Die meisten von uns sind die ersten. Bevor wir vor einer Gruppe von Menschen stehen, wollen wir sicherstellen, dass wir so gut wie möglich auf dem Laufenden sind.

Das Problem ist, dass PowerPoint nicht so aufgebaut wurde. Es wurde als Desktop-Programm gebaut, das jeweils von einer Person verwendet werden konnte.

Google erkannte das Problem und nutzte die Gelegenheit, als sie vor über zehn Jahren Google Slides starteten.

Google Slides ist ein Cloud-basierter Präsentationseditor, der PowerPoint oder Keynote ersetzen kann.

Wenn Sie das Beste aus der Software herausholen möchten, dann fangen wir an!

Slides Crash Kurs

Es gibt viel zu bedenken. Im nächsten Abschnitt werden wir von Grund auf mit einer leeren Präsentation beginnen, aber bevor wir dort ankommen, werde ich schnell über die wichtigsten Symbolleisten gehen.

Dies wird ein kurzer Überblick sein, also wenn es etwas gibt, das Sie nicht verstehen, ist das okay, ich werde es später im Buch näher erläutern.

Der erste Knopf ist einer, den Sie wahrscheinlich oft benutzen werden. So fügen Sie eine neue Folie hinzu. Wenn Sie auf das Dropdown-Menü klicken, sehen Sie alle vordefinierten Layouts. Klicken Sie darauf und das Layout wird hinzugefügt (Hinweis: Sie können es später ändern).

Daneben gibt es das Symbol für Undo, Redo und Print. Die letzte Option ist der Format-Painter. Dadurch wird ein Stil in einen anderen kopiert, z.B. wenn Sie die Schriftfarbe und -größe eines Textes in einen anderen Text kopieren möchten. Um es zu verwenden, markieren Sie einfach den Stil, den Sie kopieren möchten, wählen Sie das Symbol und klicken Sie dann auf den Text, in den Sie es kopieren möchten.

Als nächstes kommt das Zoom-Symbol. Auf diese Weise können Sie ein- oder auszoomen, so dass Sie mehr oder weniger von Ihrer Folie sehen können.

Die Einfügeoptionen sind die nächsten. Das erste Symbol (der Cursor) ermöglicht es Ihnen, ein Objekt auszuwählen, das nächste ermöglicht es Ihnen, ein Textfeld hinzuzufügen, daneben die Option Bild einfügen und schließlich das letzte, eine Form einzufügen.

Es gibt eine letzte Einfügeoption: Zeile. Es gibt ein paar verschiedene Linien, die Sie verwenden können, wenn Sie die Dropdown-Liste auswählen. Die Skribbellinie ist, wenn Sie die Linie freihändig zeichnen wollen.

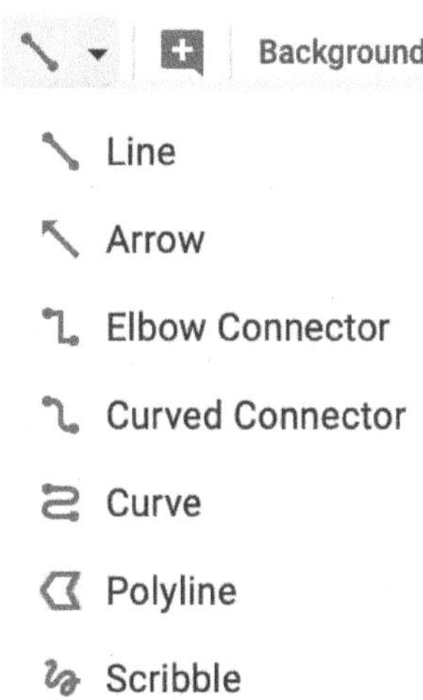

Da Google Slides so kollaborativ ist, werden Sie wahrscheinlich die nächste Schaltfläche häufig verwenden: die Kommentaroption. Auf diese Weise können Sie jeder Folie oder jedem Text Kommentare hinzufügen.

Mit der Schaltfläche Hintergrund können Sie ein Bild oder eine Farbe zu Ihrem Folienhintergrund hinzufügen.

Background

Die Layout-Option sieht ähnlich aus wie die Schaltfläche Folie hinzufügen. Hiermit können Sie das Layout der ausgewählten Folie ändern.

Layout ▾   Theme   Transition

Click to add title

Click to add title

Click to add title

Title slide   **Section header**   **Title and body**

Click to add title

Click to add title

Click to add title

Title and two columns   **Title only**   **One column text**

Click to add title

Click to add title

Main point   **Section title and description**   **Caption**

XX%

Big number   **Blank**

Die Themenschaltfläche ähnelt dem Layout, ändert aber anstelle von Text den Stil der Folie und fügt beispielsweise ein Hintergrundbild hinzu.

Theme

Schließlich sagen Sie Google Slides über die Schaltfläche Transition, was zu tun ist, wenn Sie zur nächsten Folie wechseln.

Transition

Ganz rechts hängt die Schaltfläche zum Ausblenden des Menüs. Benutzen Sie diese Option, um zwischen Verstecken und Einblenden umzuschalten.

Auf der linken Seite hat das Seitenmenü drei Optionen: Kalender, Google keep und Aufgaben. Das sind eine Art Mini-Applikationen. Sie ändern Ihre Folie nicht - sie helfen Ihnen nur, Notizen zu machen und Termine zu finden.

[2]

ERSTE SCHRITTE MIT GOOGLE SLIDES

Nun, da wir die Grundlagen kennen, lassen Sie uns eingreifen und sehen, wie man die Funktionen in der Praxis anwendet. Um zu beginnen, gehen Sie zu drive.google.com (erstellen Sie ein Konto, wenn Sie es noch nicht getan haben) und klicken Sie auf die Schaltfläche Create new, dann Google Slides und leere Präsentation.

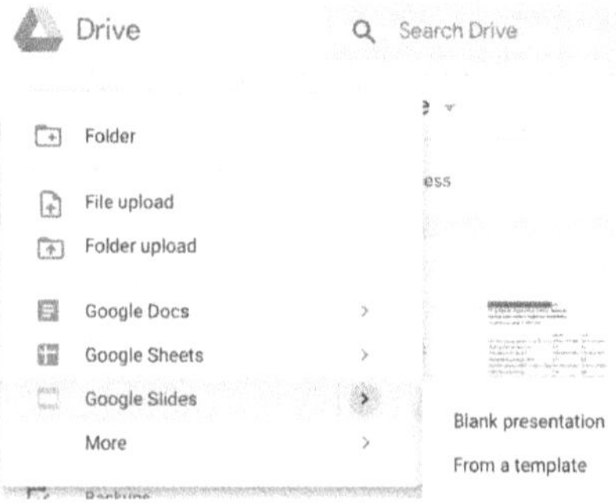

Auf Anhieb kommt es Ihnen wahrscheinlich ein wenig bekannt vor, wenn Sie PowerPoint oder Keynote verwendet haben.

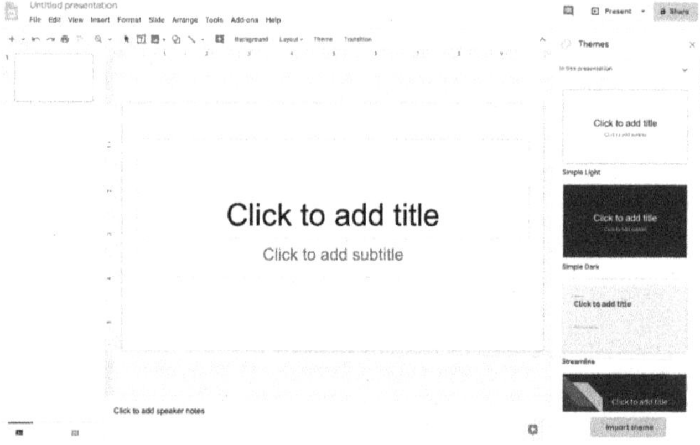

Für dieses Buch werden wir eine Präsentation darüber erstellen, wie man weiß, ob sein Freund ein Monster ist. Wie viele Bücher auf Google Slides geben Ihnen auch wertvolle Informationen über Freundschaft?! Ihr Willkommen!

Ich finde, dass die beste Art des Lernens durch das Tun von etwas ist, also füllen Sie frei, um an einer ähnlichen Präsentation zu arbeiten, während Sie gehen.

Zuerst die Dinge zuerst: Benennen wir unser Dokument um. Technisch gesehen ist dies nicht erforderlich. Sie konnten ihm keinen Namen geben und es wird immer noch im Hintergrund gespeichert. Die Benennung hilft ihnen nur, sie später zu finden.

Um es zu benennen, klicken Sie einfach einmal auf den Namensbereich in der linken oberen Ecke und beginnen Sie mit der Eingabe. Drücken Sie die Eingabetaste, wenn Sie fertig sind.

Möchten Sie es umbenennen? Ganz einfach. Klicken Sie einfach erneut in diesen Bereich. Vorbei sind die Tage von Datei > Speichern unter.

Kommen wir nun zu unserer ersten Folie, der Titelfolie, und geben Sie der Präsentation einen Namen.

The 9 Steps

To Know If Your Friend Is a Monster

Das ist ziemlich einfach, aber es ist auch ein wenig... langweilig. Lasst uns einen lustigen Hintergrund hinzufügen.

Für dieses Buch ging ich zu google.com/images. Das ist eine schöne Quelle für Bilder, aber Sie müssen bedenken, dass viele davon urheberrechtlich geschützt sind, also achten Sie darauf, was Sie benutzen - besonders wenn die Präsentation für nicht-instruktionelle kommerzielle Zwecke bestimmt ist.

Sobald Sie Ihr Bild haben, können Sie es entweder speichern oder es einfach kopieren und direkt in Ihre Folie einfügen.

Um es hinzuzufügen, gibt es zwei Methoden. Ich bevorzuge die zweite, weil es mehr Anpassungen gibt, aber ich zeige dir hier beide Ansätze.

Für den ersten Ansatz gehen Sie in Ihre Symbolleiste und klicken Sie auf die Schaltfläche Hintergrund. Von hier aus können Sie ihm entweder eine feste Hintergrundfarbe geben oder ein Bild zu einem Hintergrund machen.

Background   ✕

Color

Image   Choose image

Reset to theme   Reset

Add to theme   Done

Wenn Sie nur eine Farbe verwenden, dann kann es funktionieren. Wenn Sie ein Bild verwenden, dann finde ich es persönlich problematisch, weil es nicht viele Anpassungen gibt, die auf dieser Ebene am Bild vorgenommen werden können. Werfen Sie einen Blick auf den Hintergrund unten.

Nicht gerade einfach, den Text zu sehen, oder? Wie können wir das in Ordnung bringen? Wir verwenden die zweite Option. Entweder kopieren und fügen Sie das Bild auf die Folie ein oder gehen Sie zu Einfügen > Folie. Dadurch wird das Bild über den Text gelegt. Nicht viel besser, oder? Sie können das beheben, indem Sie mit der rechten Maustaste auf das Bild klicken und "An die Rückseite senden" wählen. "

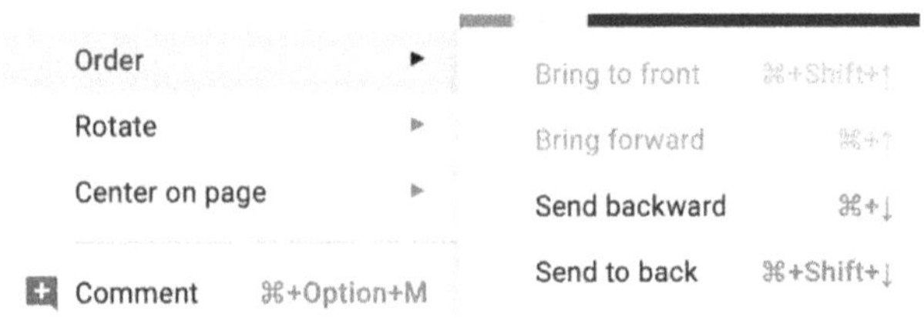

Das macht es im Grunde genommen so, als hätte man es als Hintergrundbild, so dass es immer noch nicht dort ist, wo es sein muss. Aber wenn Sie jetzt auf das Bild klicken, öffnet sich ein Format-Menü. Eine Möglichkeit ist die Transparenz. Durch die Transparenz wird das Bild besser durchsichtig - wie ein Wasserzeichen.

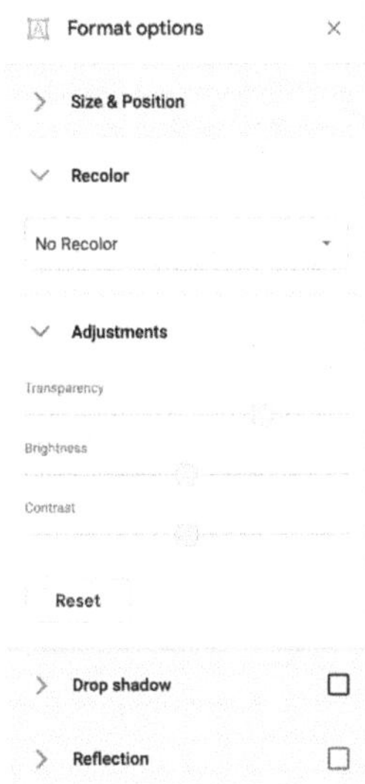

Nachdem es ein wenig transparent gemacht wurde, sieht es wie das untenstehende Bild aus.

Besser, oder? Aber es ist größer als die Rutsche. Wenn Sie die Folie präsentieren, wird sie nur anzeigen, was sich im Folienrahmen befindet, aber es ist viel einfacher, an einer Präsentation im Editor-Modus zu arbeiten, wenn sie dem Aussehen der Präsentation entspricht, also lassen Sie uns sie zuschneiden. Klicken Sie mit der rechten Maustaste auf das Bild und wählen Sie dann "Bild zuschneiden". "

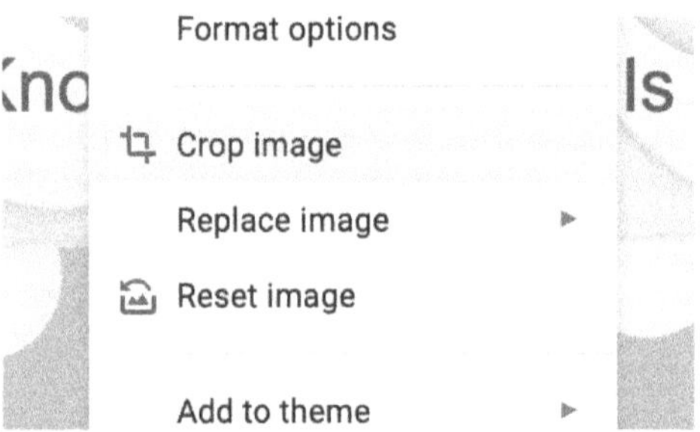

Dies führt zu kleinen blauen Kästchen. Ziehen Sie diese einfach hinein, damit sie in die Folie passen.

Jetzt sind wir bereit für unsere nächste Folie. Es gibt zwei Methoden, dies zu tun. Klicken Sie auf das + Zeichen in der Menü-Symbolleiste.

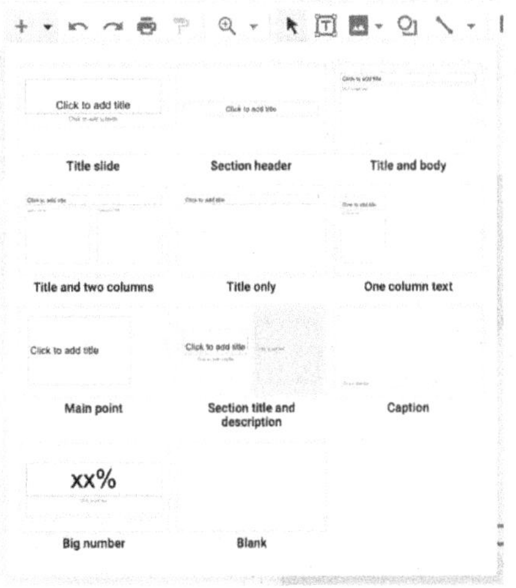

Die zweite Methode besteht darin, unter die erste Folie zu klicken und die Enter / Return-Taste auf Ihrer Tastatur zu drücken.

Die Standardfolie sieht wie folgt aus.

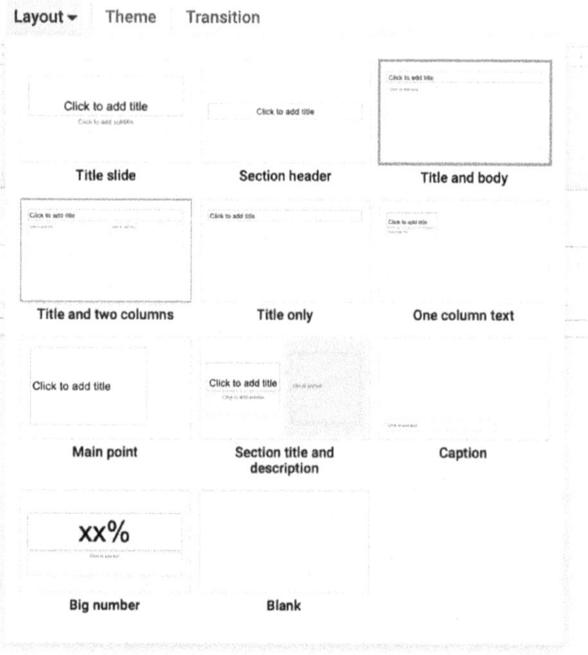

Sie können das Layout ändern, indem Sie entweder mit der rechten Maustaste auf das Miniaturbild der Folie auf der linken Seite klicken. Oder Sie gehen in das Menü und klicken auf Layout.

Ich werde mein Layout auf zwei Spalten ändern.

Click to add title

Click to add text   Click to add text

Als nächstes werde ich einige Inhalte hinzufügen.

There are two kinds of friends

Good friends   Bad friends

Fantastisch! Optisch atemberaubend! Machen wir Schluss für heute! Komm nicht zu weit, Cowboy.... es gibt hier noch etwas zu tun. Lassen Sie uns noch ein paar Bilder hinzufügen. Auch hier können Sie entweder Einfügen > Bild wählen oder es einfach kopieren und einfügen.

Diese Bilder sind ein wenig....schwarz-weiß - sowohl wörtlich als auch im übertragenen Sinne. Klicken Sie mit der rechten Maustaste auf das Bild und wählen Sie dann die Formatierungsoptionen. Für dieses Bild werde ich "Reflection" aktivieren, damit es ein wenig platzt. Dadurch wird ein Schatteneffekt auf das Bild ausgeübt.

Die Bilder sind in Ordnung. Nun lassen Sie uns an dem Text arbeiten. Der Header muss aus allen Großbuchstaben bestehen. Wir können es entweder noch einmal mit Großbuchstaben eingeben, oder wir markieren den Text und gehen dann zu Format > Text > Groß-/Kleinschreibung > GROßSCHREIBUNG.

Tun Sie das Gleiche mit dem Text darunter, aber dafür machen Sie es zum Title Case. Als nächstes wollen wir es zentrieren und ausrichten. Diese Option wird möglicherweise nicht angezeigt, wenn Sie das Format-Menü geöffnet haben, aber sie ist immer noch vorhanden. Ganz rechts in der Symbolleiste sehen Sie drei Punkte. Klicken Sie darauf, und es wird das versteckte Menü angezeigt. Von hier aus können Sie es mittig ausrichten.

Wir werden auch die Textfarbe ändern, indem wir die Schaltfläche mit der A- und der schwarzen Linie darunter verwenden.

A

Jetzt wird alles zentriert und in einer anderen Farbe dargestellt.

Das ist immer noch nicht sehr bunt. Wir könnten dem Hintergrund ein Bild hinzufügen, wie auf der ersten Folie, aber Bilder als Hintergrund können die Dinge zu sehr belebt erscheinen lassen. Also lasst uns eine einheitliche Farbe machen. Klicken Sie in der Symbolleiste auf Hintergrund und ändern Sie ihn dann in den gewünschten.

Das ist schon besser. Aber ich möchte, dass der Slide-Header mehr herausspringt. Ich werde einen separaten Hintergrund hinterlassen. Gehen Sie auf die Schaltfläche Formen in der Menüleiste und wählen Sie das Rechteck aus.

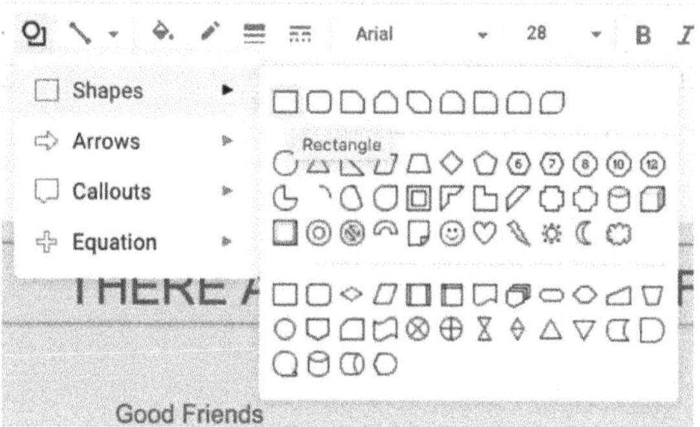

Ziehen Sie nun ein Rechteck auf den oberen Teil der Folie. Ich möchte, dass die Box selbst mehr erscheint, also werde ich auch mit der rechten Maustaste klicken, Formatoptionen auswählen und "Schatten werfen" aktivieren. "Dies verleiht der Box einen mehr 3D-Effekt, indem ein subtiler Schatten dahinter gelegt wird.

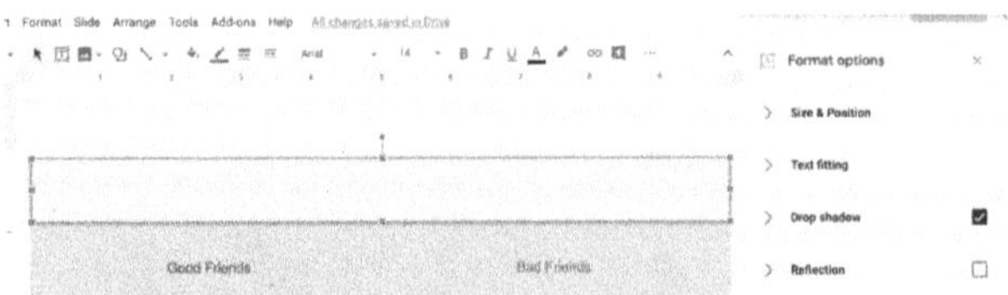

Jetzt müssen wir nur noch die Box nach hinten schicken, damit der Text davor steht. Klicken Sie dazu mit der rechten Maustaste auf das Feld und wählen Sie unter Auftrag die Option Zurücksenden. Ich klicke auch auf den Text und verschiebe ihn ein wenig höher, also war er in der Mitte der Box.

Jetzt nimmt die Folie Gestalt an, aber lassen Sie uns noch ein paar Dinge tun. Als nächstes lassen Sie uns den Untertiteltext mehr herauskommen. Klicken Sie auf das soeben erstellte obere Feld und kopieren Sie es und fügen Sie es ein (STRG+C und STRG+V). Verschieben Sie dann dieses Feld unter das obere, klicken Sie mit der rechten Maustaste darauf und wählen Sie Formatierungsoptionen aus; ändern Sie die Farbe des Feldes, damit es nicht mit dem anderen Feld identisch ist.

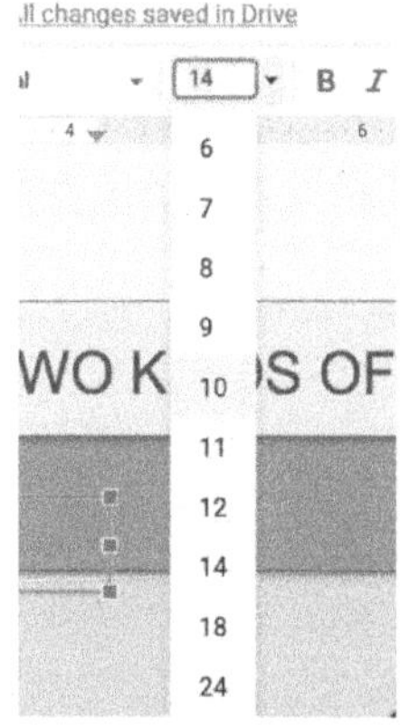

Nachdem Sie die Farbe geändert haben, klicken Sie mit der rechten Maustaste und wählen Sie Bestellen und senden Sie nach hinten. Der Text ist etwas klein, also machen wir ihn größer und passen ihn dann so an, dass er mehr in der Mitte des Feldes liegt. Ändern Sie die Schriftgröße in der Menüleiste; standardmäßig ist es 14.

Schließlich funktioniert das dunkle Grau, das ich benutzt habe, nicht wirklich. Ich werde die Box weiß machen. Klicken Sie mit der rechten Maustaste, wählen Sie Formatoptionen, und ändern Sie dann die Farbe auf Weiß.

Ich möchte eine Grenze zwischen Freundschaft setzen, um die guten und die schlechten Freunde zu trennen. Gehen Sie in die Menüleiste, klicken Sie auf die Linienoption und wählen Sie die erste Zeile aus. Während Sie die Linie zeichnen, halten Sie die Verschiebung auf der Tastatur fest - das macht sie zu einer geraden Linie - damit sie überhaupt nicht diagonal wird.

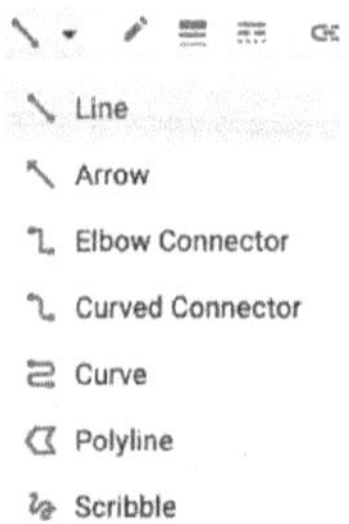

Die Linie wird ziemlich dünn sein; das funktioniert bei einigen Dingen, aber hier wollen wir sie verstärken. Klicken Sie auf die Zeile und gehen Sie dann in die Menüleiste. Sehen Sie die Box mit den Linien verschiedener Gewichte? Das ist es, was Sie wollen. Es ist wie eine Schriftgröße, aber für eine Form. Wenn Sie es nicht sehen, dann haben Sie die Zeile nicht ausgewählt. Klicken Sie es einmal an.

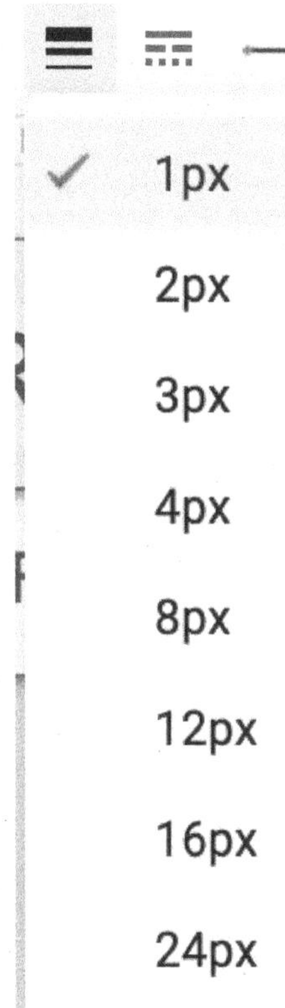

Jetzt, da die Linie breiter ist, haben wir alles, was wir wollen.

Sie können für jede Folie einen anderen Look erstellen, aber um Ihnen viel Zeit zu sparen, ist das Kopieren der Folie viel schneller. Gehen Sie in den linken Bereich, in dem sich die Miniaturansichten der Folien befinden. Klicken Sie mit der rechten Maustaste auf und wählen Sie doppelte Folien aus.

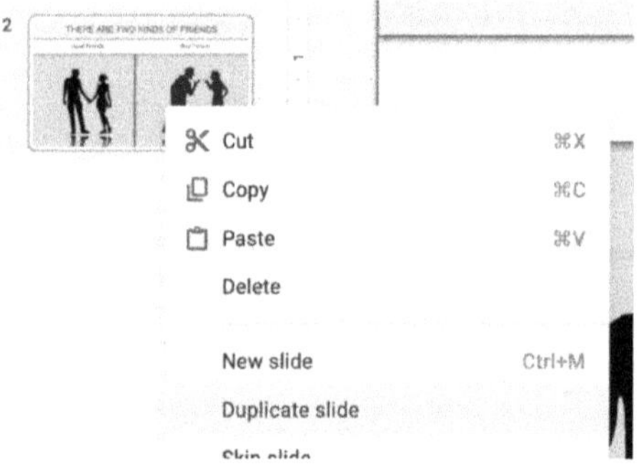

Von hier aus müssen wir nur noch den nicht gewünschten Text herausnehmen und die Bilder ändern.

Das Bild oben fühlt sich etwas seltsam an. Ich will nicht, dass beide Hände in die gleiche Richtung gehen. Das ist eine einfache Lösung. Wählen Sie eines der Bilder aus, wählen Sie Formatoptionen, und wählen Sie dann unter Drehen die Option Spiegeln.

Rotate

Angle   90°   Flip

0   °

Dadurch wird das von Ihnen ausgewählte Bild horizontal gespiegelt.

Es läuft also alles super! Sie haben drei Folien! Aber warte! Sie haben gerade bemerkt, dass die dritte Folie die zweite Folie sein muss! Was jetzt? Sachte! Klicken Sie einfach auf die Miniaturansicht der Folie im linken Bereich und ziehen Sie sie an die gewünschte Stelle.

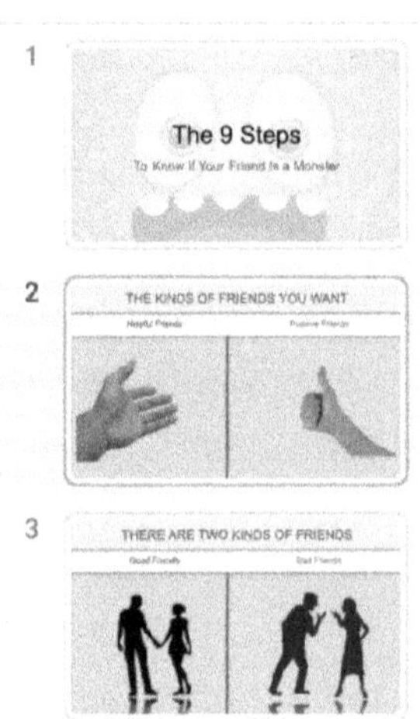

Jetzt, da Sie die Folien haben, brauchen Sie Übergänge zwischen ihnen. Sie werden dies im Editor-Modus nicht sehen, aber Übergänge sind das, was passiert, wenn Sie eine Präsentation zwischen den einzelnen Folien präsentieren - zeigt sie beispielsweise eine Auflösung an?

Um einen Übergang hinzuzufügen, klicken Sie mit der rechten Maustaste auf das gewünschte Miniaturbild, und wählen Sie dann Übergang ändern.

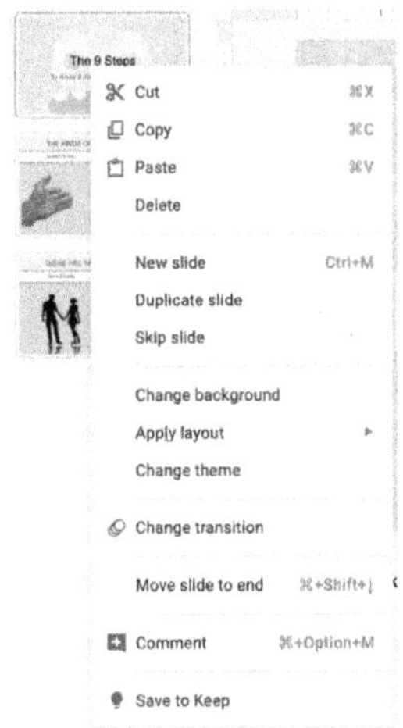

Dadurch wird das Übergangsmenü angezeigt; Sie können einen Übergang ändern oder den Übergang auf alle Folien anwenden.

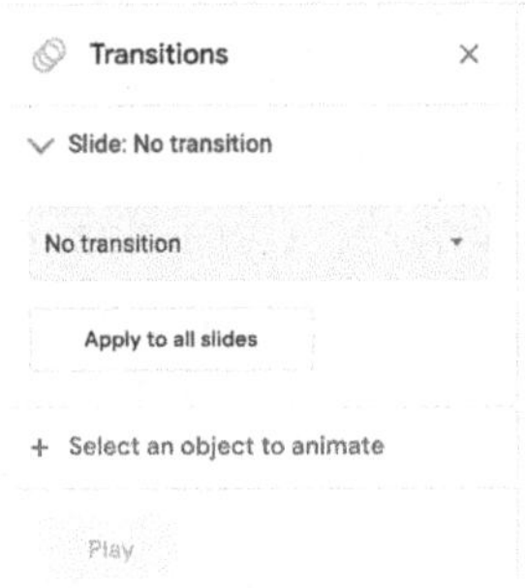

[3]
TEILEN IST WICHTIG

Sind Sie bereit, Ihre Folien über Freunde mit Ihren Freunden zu teilen? Google Slides ist eine kollaborative Plattform, so dass das Teilen dort stattfindet, wo die Dinge wirklich zusammenkommen. Mit dem Teilen können Sie Feedback erhalten und auch andere Ihre Folien bearbeiten lassen (oder Sie können die Bearbeitung deaktivieren und nur Feedback erhalten).

Um zu teilen, klicken Sie auf die Schaltfläche Teilen in der oberen rechten Ecke.

Wenn Sie eine andere Google Apps-Software verwendet haben, dann werden Sie wahrscheinlich wissen, was Sie als nächstes tun müssen - sie alle funktionieren genau gleich. Sie haben eine Box, in der Sie die Folie entweder per E-Mail an bestimmte Personen weitergeben können, oder Sie können ihnen einen Link zu ihr schicken.

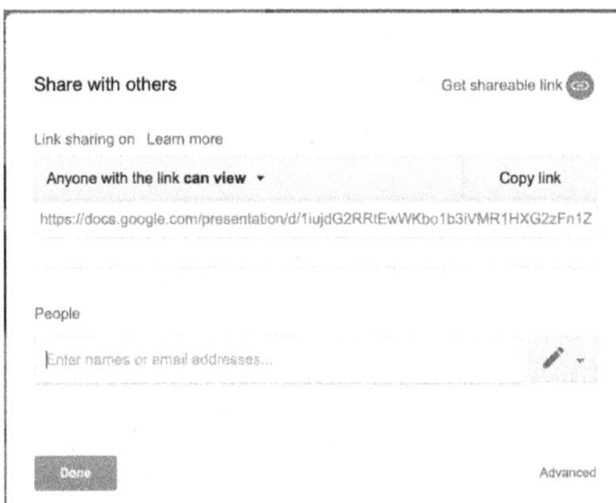

Wenn Sie auf die Schaltfläche können anzeigen klicken, erhalten Sie ein Dropdown-Menü mit verschiedenen Optionen. Wenn Sie nur willst, dass die Leute es sehen, aber nichts anderes tun, zum Beispiel.

Wenn Sie auf Erweitert klicken, haben Sie noch mehr Optionen, wie z.B. das Verhindern, dass Editoren Personen hinzufügen oder das Kopieren von Dateien im Dokument deaktivieren.

Invite people:

Enter names or email addresses...

Owner settings Learn more
Prevent editors from changing access and adding new people
Disable options to download, print, and copy for commenters and viewers

Done

Sobald die Personen in Ihrem Dokument sind und bereit, Änderungen vorzunehmen, werden die Dinge ein wenig schwierig. Im Gegensatz zu Google Docs, wo Sie Änderungen verfolgen können, hat Google Slides diese Option nicht. Wenn jemand eine Veränderung vornimmt, gibt es keine gut sichtbare Möglichkeit, sie zu sehen.

Sie Können sie bitten, stattdessen einen Kommentar abzugeben. Um das zu tun, lassen Sie sie mit der rechten Maustaste klicken und wählen Sie Kommentar. Oder gehen Sie zu Einfügen > Kommentar:

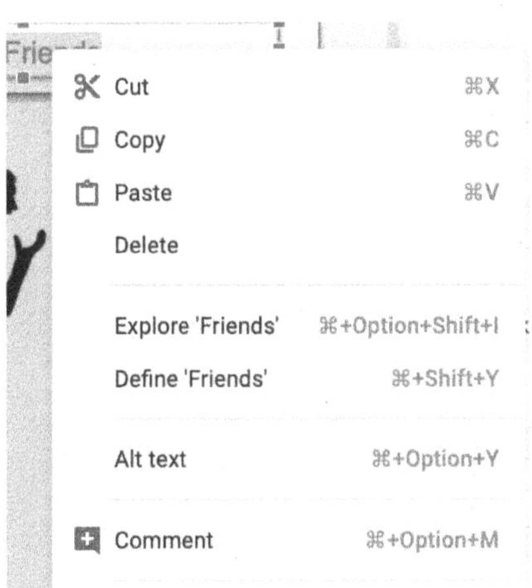

Es gibt einen letzten Weg, um die Veränderungen im Auge zu behalten - wenn auch nicht den idealen. Auf diese Weise kann man sich die Geschichte ansehen. Sie können den Verlauf einsehen, indem Sie auf Datei > Versionsgeschichte > Versionsgeschichte anzeigen gehen.

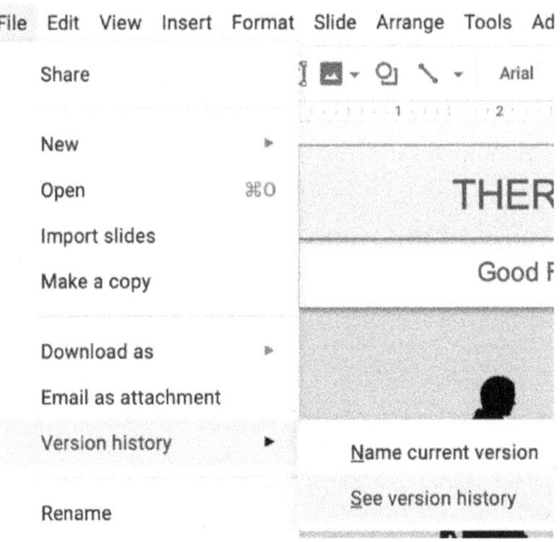

Dies zeigt Ihnen eine Liste der Änderungen und des Zeitstempels, wenn sie vorgenommen wurden.

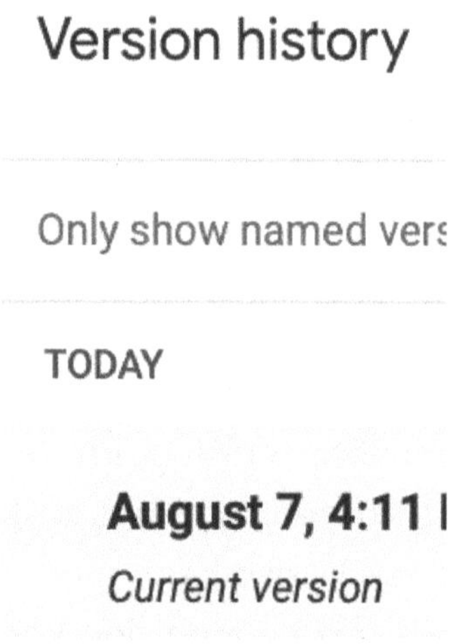

Version history

Only show named vers

TODAY

August 7, 4:11 |
Current version

Wenn Sie diese Methode verwenden, dann ist mein Ratschlag, Leute nach einer Änderung hineingehen zu lassen und die Version zu benennen: Datei > Versionsgeschichte > Name der aktuellen Version.

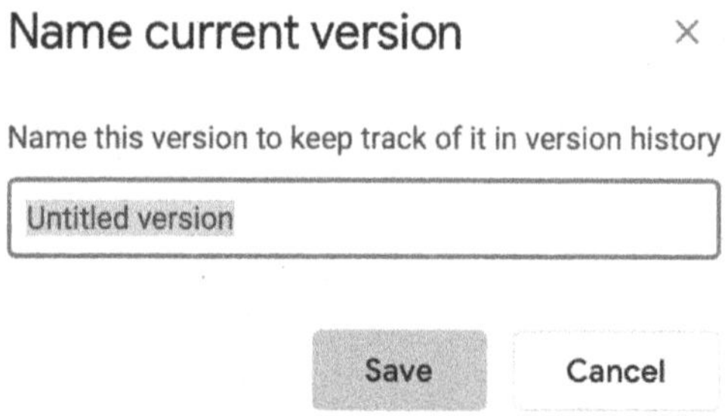

Name current version   ×

Name this version to keep track of it in version history

Untitled version

Save   Cancel

Wenn Sie jemanden haben, dessen alt-modisches PowerPoint, alte Mode - Sie können es auch exportieren und per E-Mail an ihn senden. Dies ist unter Datei > Herunterladen als. Es gibt alle möglichen Optionen.

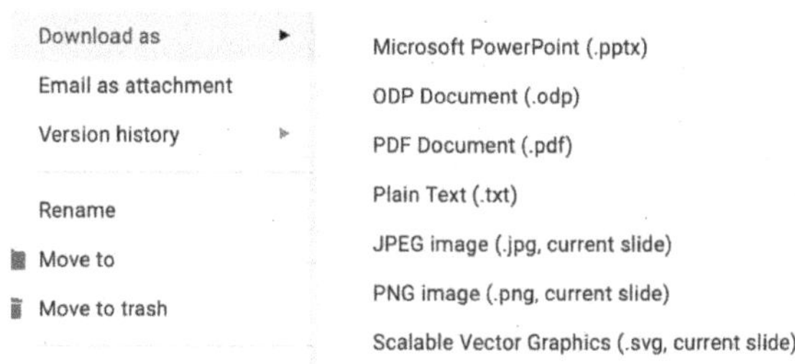

Wenn Sie eine Präsentation halten, empfehle ich Ihnen, sie als PowerPoint und PDF zu exportieren. Auf diese Weise, Wenn Sie jemals irgendwo präsentierst und Sie auftauchen und sagen: "Oh, wir haben kein Internet in diesem Raum - und du wirst einen Computer ohne PowerPoint benutzen", wirst du etwas zu zeigen haben.

[4]

PRÄSENTIEREN SIE IHRE GROSSE IDEE!

Apropos große Präsentation, was jetzt?! Das ist der einfache Teil. Sehen Sie den großen Geschenk-Button in der rechten Ecke? Rate mal, was das bewirkt?!

Aber Präsentieren bedeutet mehr als Präsentieren, Präsentieren! Klicken Sie auf den Pfeil neben Präsentieren, um weitere Optionen anzuzeigen.

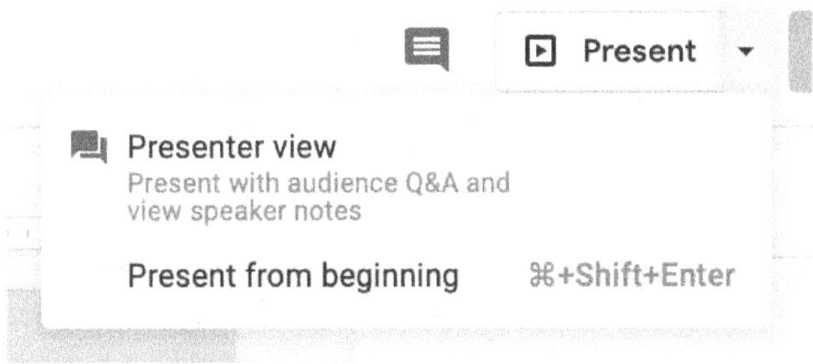

Eine davon ist die Presenter-Ansicht, die ich in wenigen Minuten abdecken werde. Wenn Ihre Präsentation geöffnet ist, gibt es ein neues Menü. In diesem Menü können Sie Q & A und Notizen, die unten behandelt werden, einschalten und den Zeiger verwenden. Pointer ist eine Art Laserpointer; wenn Sie Mausbewegungen ausführen, dann wird es für die Zuschauer einfacher, sie zu beobachten.

Verwenden des Presenter-Modus

Inzwischen haben Sie wahrscheinlich bemerkt, dass sich auf der Unterseite ein kleines Kästchen befindet, in dem es heißt: "Klicken Sie hier, um Lautsprechernotizen hinzuzufügen. " Wollen Sie eine wilde Vermutung anstellen und sagen, wofür das ist? Wenn Sie erraten haben, "Speaker Notes", dann gratulieren Sie, Sie können lesen!

Sie Können diesen Bereich tatsächlich vergrößern oder nicht existieren lassen, indem du auf die drei Punkte in der Mitte klickst und ihn nach oben oder unten gehen lässt. Um dieses Buches willen werden wir sie genau dort aufbewahren, wo sie sind.

Okay, was sind also Sprechernotizen? Dies erscheint auf Ihrem Bildschirm, wenn Sie eine Präsentation präsentieren. Was meine ich mit "Ihr Bildschirm"? Wenn Sie eine Präsentation halten, haben Sie in der Regel Ihren Laptop entweder an einen Projektor oder Fernseher angeschlossen, richtig? So wäre Ihr Bildschirm der Laptop und der andere Bildschirm derjenige, mit dem er verbunden ist.

Speaker Notes ist so etwas wie Papiernotizen vor sich zu haben. Es kann sein, was immer Sie wollen. Da das Publikum sie nicht sieht, spielt es keine Rolle - was auch immer hilfreich ist, wenn Sie die Präsentation halten.

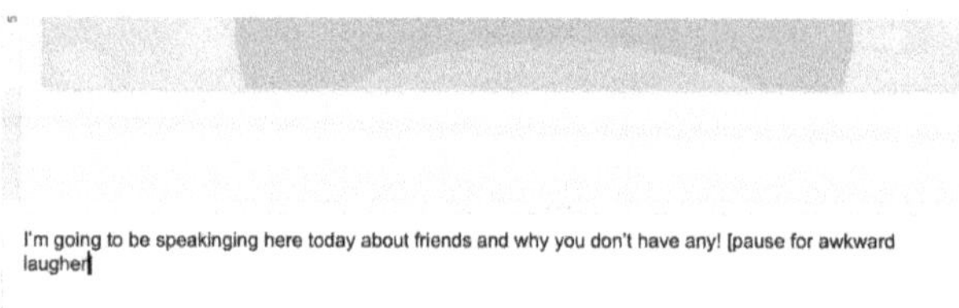

Sie könnten es technisch so einrichten, dass es Ihren Bildschirm spiegelt, aber einen Presenter-Bildschirm zu haben, ist sehr nützlich. Im Lautsprechermodus sehen Sie die Notizen, die vergangene Zeit, die Miniaturansicht der Folie, die als nächstes erscheint, und die Möglichkeit, Fragen an das Publikum zu stellen.

Wenn Ihnen die Noten zu klein sind, können Sie sie mit den Tasten "- | +" vergrößern.

ng here today about
t have any! [pause

Was wirklich cool an der Präsentation in Google Slides ist, ist, dass das Publikum Fragen stellen kann. Um Fragen zu akzeptieren, während du präsentierst, musst du es nur einschalten. Klicken Sie neben den Sprechernotizen auf Audience Tools und dann auf die Schaltfläche Start Now.

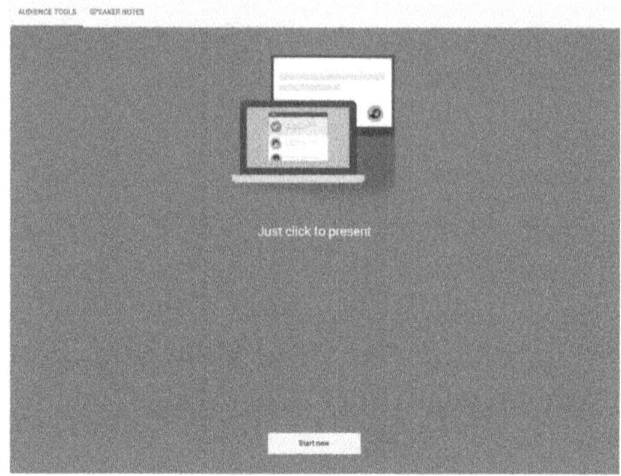

Es gibt einen Schalter, um es ein- und auszuschalten, und einen Link, um Personen zu senden.

Wenn die Person zu diesem Link geht, erhält sie ein Forum, in dem sie ihre Fragen stellen kann. Sie können es entweder als Person oder anonym tun.

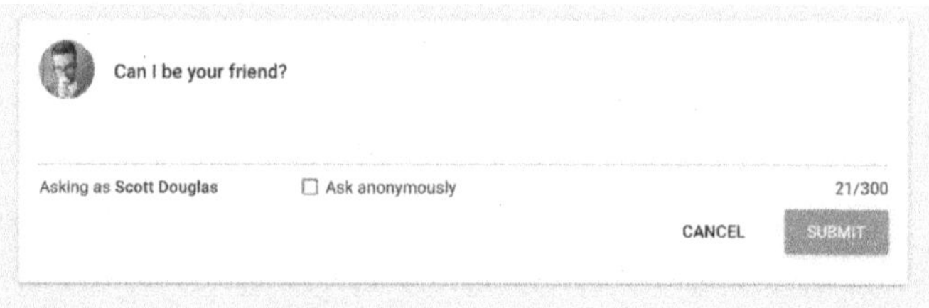

Andere Leute werden es sehen und sie können es hochstimmen oder herunterstimmen. Das hilft, Fragen nach oben oder unten zu schieben; eine Frage mit 20 Upsvotes wird in der Frage que eingestellt, dann eine Frage mit 2.

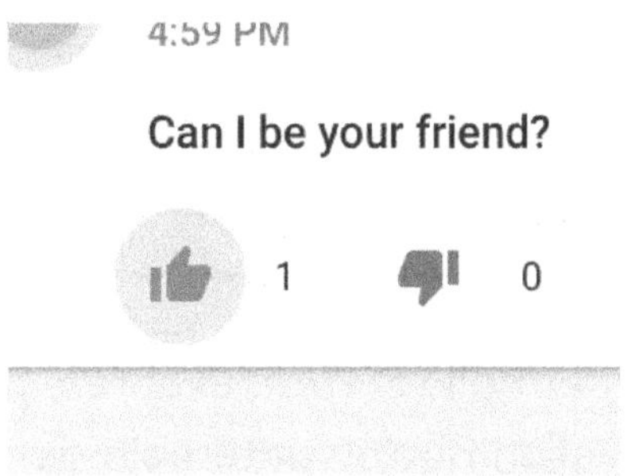

In der Presenter-Version sehen sie die Frage, die Anzahl der Upvotes und haben die Möglichkeit, diese zu präsentieren.

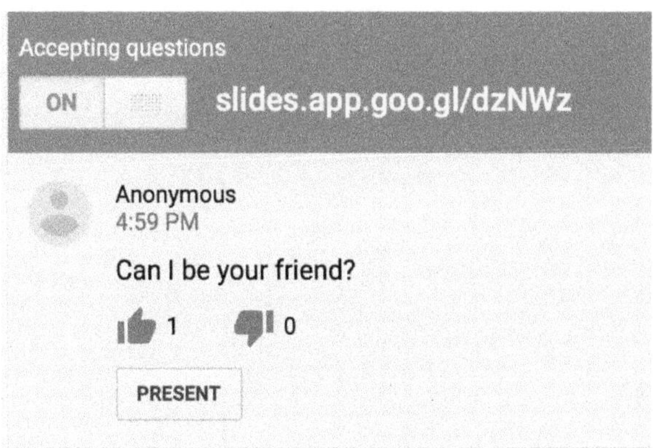

Wenn der Vortragende auf die Schaltfläche Präsentieren klickt, wird die Präsentation durch die Frage ersetzt.

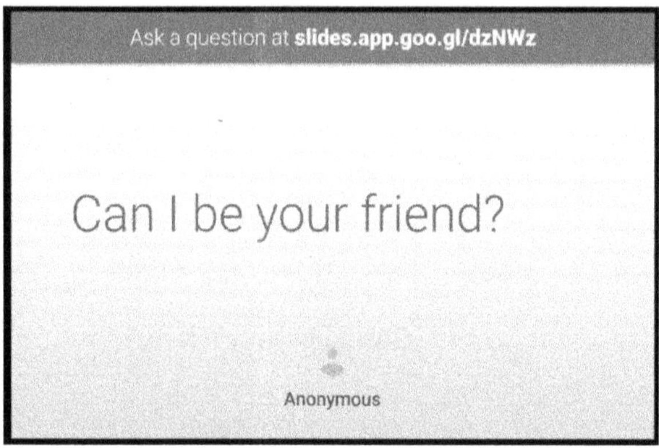

Um zu Ihrer Folie zurückzukehren, präsentieren Sie den aktuellen Button unterhalb der Frage erneut.

[5]

JENSEITS DER GRUNDLAGEN

Importieren von Diagrammen aus Google Sheets

Die Zusammenarbeit ist eine herausragende Funktion von Google Slides, wie Sie wahrscheinlich feststellen können; etwas anderes, das es wirklich glänzen lässt, ist jedoch die Art und Weise, wie es mit anderen Google-Anwendungen interagiert. Alles ist über die Cloud verbunden, was die Integration zum Kinderspiel macht.

Um diesen Punkt zu veranschaulichen, werden wir ein in Google Sheets erstelltes Diagramm in Folien importieren.

Beginnen Sie mit der Erstellung einer neuen Folie. Ich mache es einfach und nenne es The Friendly Chart.

The Friendly Chart

Jetzt brauchen wir ein Diagramm. Öffnen Sie Google Sheets und erstellen Sie ein Basisdiagramm. Es ist einfach zu machen. Erstellen Sie einfach zwei Spalten. Eine mit Labels oder Namen und eine mit Daten.

B	C
December 1	57
November 30	18
November 16	22
December 9	265
December 31	3.5
December 26	350
October 20	315
October 30	4
Septembe4 23	24
September 29	5
November 23	32
October 10	5
November 18	12

Markieren Sie anschließend den Bereich, aus dem Sie ein Diagramm erstellen möchten, und wählen Sie Einfügen > Diagramm.

Ihr Diagramm wird direkt in Ihr Blatt eingefügt.

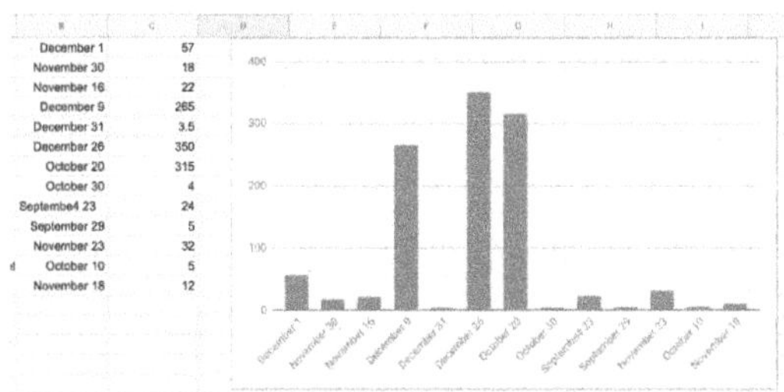

Klicken Sie von hier aus auf das Diagramm und machen Sie STRG C, um es zu kopieren. Gehen Sie nun zurück zu Google Slide, wählen Sie die Folie aus, zu der Sie sie hinzufügen möchten, und drücken Sie auf Ihrer Tastatur STRG V. Hier werden

Sie gefragt, ob Sie eine Verknüpfung oder Trennung wünschen.

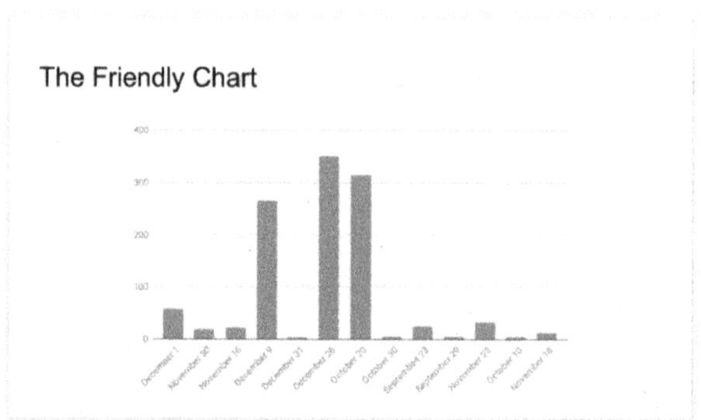

Linked verbindet die App mit der Tabellenkalkulation, so dass, wenn Sie Daten aktualisieren, sie auch hier aktualisiert wird; unlinked macht sie zu einem statischen Bild, das sich nie ändern wird. Für dieses Beispiel machen wir "Link zur Tabellenkalkulation. "

Nun, da es hinzugefügt wurde, können Sie auf die obere rechte Ecke des Diagramms klicken und haben ein paar Optionen. Wenn Sie auf Unlink klicken, dann können Sie es nicht zurückverlinken, also denken Sie hier sorgfältig nach. Open Source ermöglicht es Ihnen, wieder einzusteigen und die Daten zu bearbeiten.

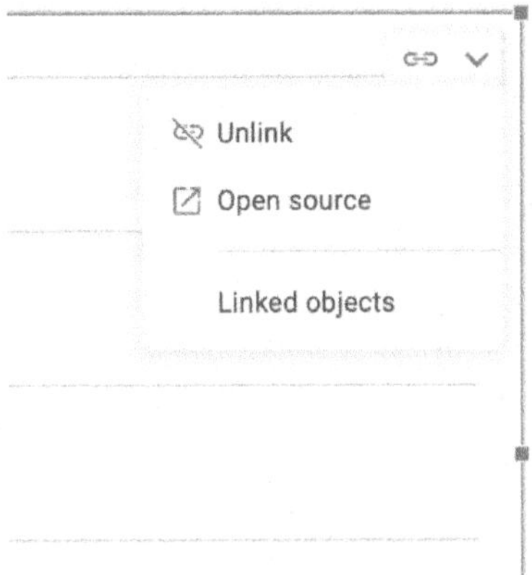

Wenn Sie in Ihre Kalkulationstabelle zurückkehren und die Daten bearbeiten, wird das Diagramm in Echtzeit geändert. Sie müssen kein neues Diagramm erstellen.

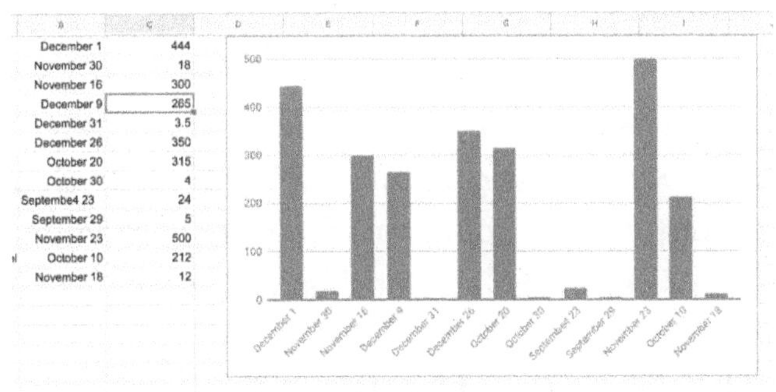

Nun, da es im Blatt geändert wurde, hat es eine neue Option, wenn Sie zu den Folien zurückkehren.

Klicken Sie auf das Diagramm in Folien. Sehen Sie die Schaltfläche Aktualisieren?

Klicken Sie darauf und es wird das Diagramm aktualisiert, um die aktualisierten Daten abzugleichen.

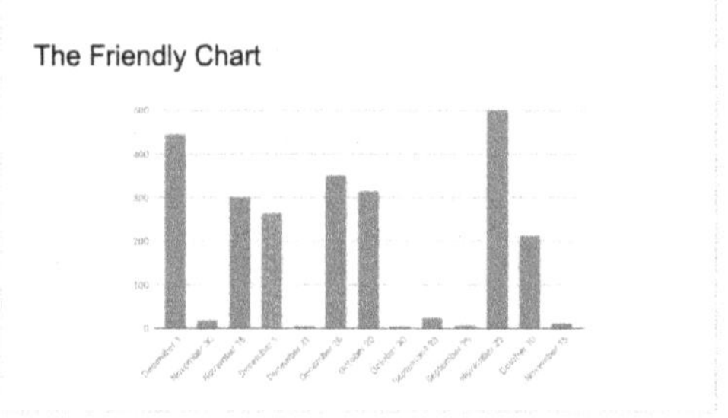

Nachdem Sie nun eine Beschriftung eingegeben haben, öffnen Sie Google Spreadsheets. Wir sind dabei, genau das Gleiche zu tun, was wir getan haben, als wir das Diagramm in unser Google Doc eingefügt haben. Speichern Sie das Diagramm als Bild auf Ihrer Festplatte und laden Sie es dann in Ihre Präsentation hoch.

Wenn Sie kein Diagramm haben und es von Grund auf neu erstellen möchten, können Sie auch zu Einfügen > Diagramm gehen.

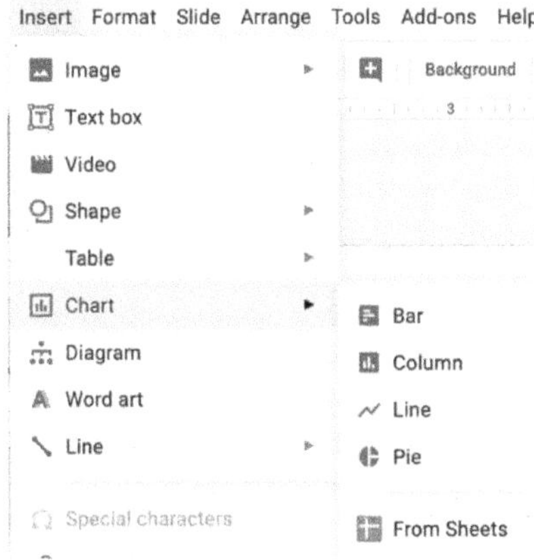

Wenn Sie von hier aus ein Diagramm einfügen, erstellen Sie eine Kalkulationstabelle, die mit dem Diagramm verknüpft ist. Es wird in einem Dummy-Chart hinzugefügt; von hier aus klicken Sie auf die Menütaste in der oberen rechten Ecke des Dummy-Chart und wählen dann "Open Source". "

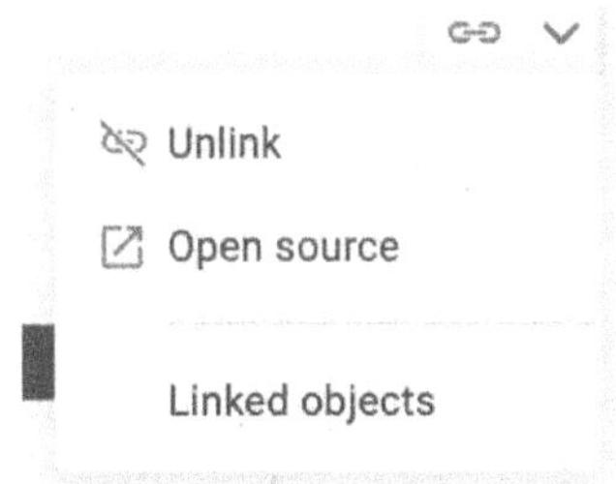

Erstellen von Diagrammen

Diagramme sind nicht so häufig wie Diagramme, aber sie sind sehr einfallsreich bei der Erstellung von Kalkulationstabellen und Zeitachsen.

Um damit zu beginnen, erstellen Sie eine neue Folie und gehen Sie dann zu Einfügen > Zeitachse.

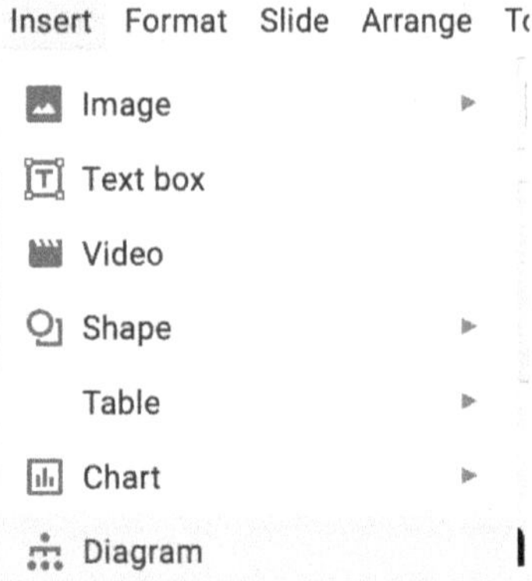

Das Schöne an Diagrammen ist, dass der schwierige Teil bereits fertig ist. Google hat mehrere vorgefertigte Vorlagen und alles, was Sie tun müssen, ist, sie ein wenig anzupassen. Zuerst sehen Sie verschiedene Arten von Diagrammen, mit denen Sie arbeiten können.

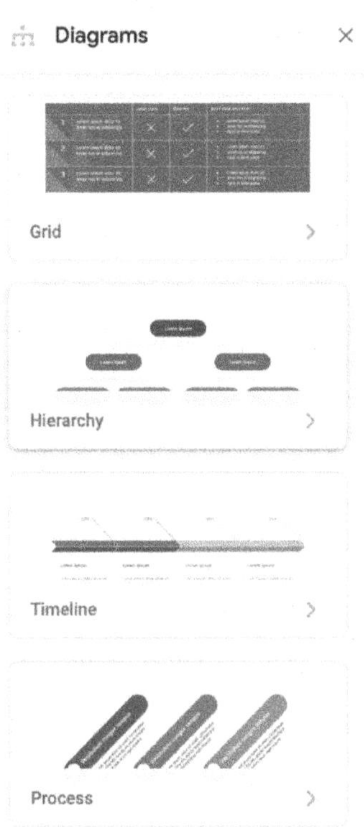

Je nachdem, welchen Typ Sie auswählen, können Sie als nächstes auswählen, wie viele Daten Sie anzeigen möchten und welche Farbe verwendet wird. Wenn Sie diese beiden Felder aktualisieren, werden Sie feststellen, dass sich die Vorschaubilder in Echtzeit ändern. Sobald Sie diesen Abschnitt angepasst haben, wählen Sie die Art des Diagramms, das Sie verwenden möchten.

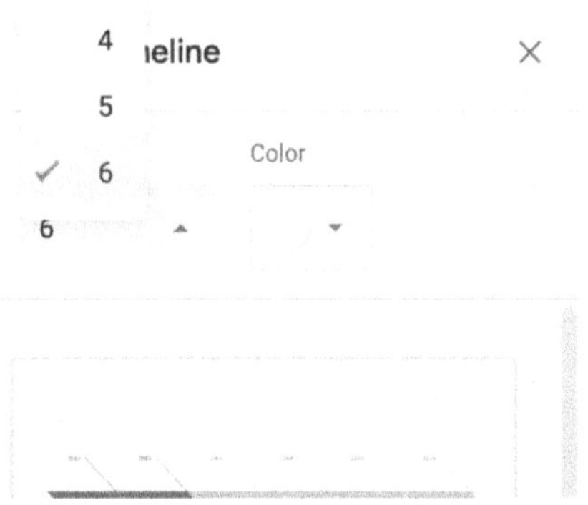

Das Diagramm wird in Ihre Folie eingefügt, und von hier aus können Sie es an Ihre Bedürfnisse anpassen.

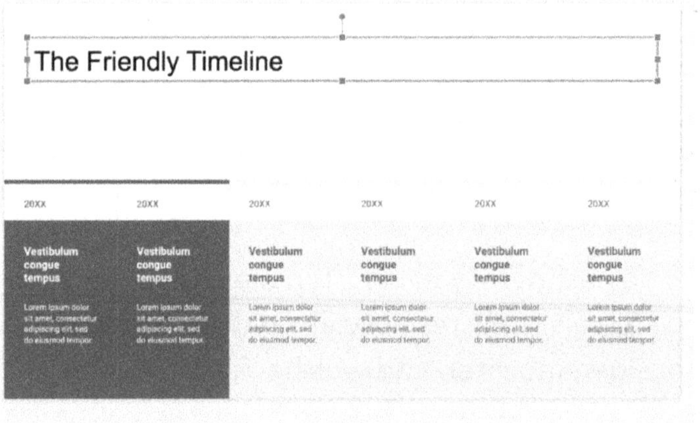

Hinzufügen von Videos zu einer Präsentation

Es gibt eine weitere App-Integration, die Sie mit Google Slides verwenden können. Wenn Sie nicht gerade die letzten zehn Jahre unter einem Felsen gelebt haben, haben Sie wahrscheinlich schon davon gehört: YouTube.

Wenn Sie ein Video zu den Folien hinzufügen, können Sie entweder ein YouTube-Video hinzufügen oder eines von Ihrem Google-Laufwerk hinzufügen. Beide sind einfach zu machen, aber es gibt hier einen Vorbehalt: Beide sind online. Das bedeutet, wenn es kein Internet gibt, wo Sie präsentieren, werden diese Videos nicht geladen.

Um zu beginnen, fügen Sie eine weitere Folie hinzu und gehen Sie dann zu Einfügen > Video.

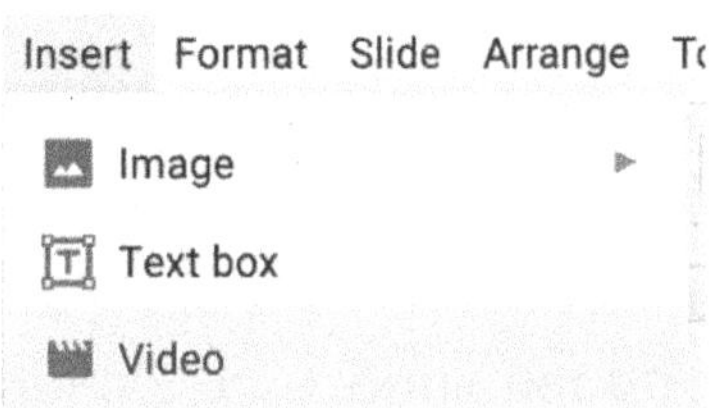

Das erste, was Sie sehen werden, ist eine Suchleiste, um Ihr Video auf YouTube zu finden. Das ist die einfachste Option - besonders wenn Sie noch kein Video haben und etwas bereits erstelltes verwenden möchten.

Wenn Sie ein Video auf YouTube haben, dann können Sie die Option "Nach URL" verwenden, um es in den Link zu kopieren - dies sind nur YouTube-

Links, also wenn sich dieses Video auf so etwas wie Vimeo befindet, dann haben Sie Pech. Die letzte Option ist Google Drive. Wenn Sie ein Video in Google Drive haben, wählen Sie dieses aus. Im Gegensatz zu Fotos, bei denen, wenn Sie es nicht hochladen können, Sie es direkt hochladen können, sind Videos etwas umständlicher. Sie müssen es auf Google Drive hochladen, dann kommen Sie zurück und finden es hier. Es ist nicht kompliziert, aber der zusätzliche Schritt macht es etwas weniger benutzerfreundlich.

Sobald das Video hinzugefügt wurde, klicken Sie mit der rechten Maustaste und wählen Sie Videooptionen aus. Dadurch wird ein Menü mit mehreren Optionen angezeigt. Diejenige, auf die Sie am meisten achten sollten, sind die Formatoptionen. Unter Formatoptionen können Sie auswählen, wann das Video beginnt und endet, was ideal ist, wenn Sie nur einen kurzen Clip anzeigen möchten.

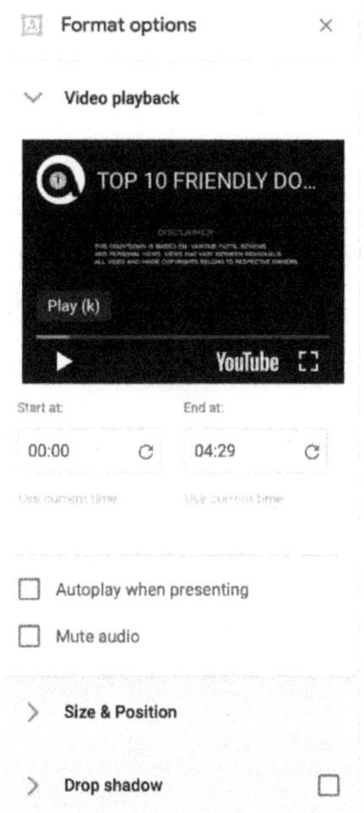

Sie können auch das automatische Abspielen während der Präsentation aktivieren. Wenn diese Option ausgewählt ist, wird das Video gestartet, sobald Sie auf die Folie gelangen. Es kann für einige Videos funktionieren, aber wenn Sie das Timing Ihrer Präsentation nicht geübt haben, kann es zu einem unangenehmen Übergang kommen. Wenn Sie es nicht deaktivieren, starten Sie das Video, indem Sie auf die Wiedergabetaste klicken.

[6]

DIES UND DAS

Das Ziel dieses Buches ist es, Sie schnell in Gang zu bringen; es geht nicht darum, Ihnen einen umfassenden Überblick über alle Funktionen zu geben - auch über die, die Sie wahrscheinlich nie verwenden werden.

Bevor ich Sie jedoch verlasse, werde ich Ihnen einen Überblick über einige der nicht abgedeckten Funktionen geben. Einige sind selbsterklärend, also werde ich schnell handeln.

Das Ansichtsmenü ist das, was Sie auf dem Bildschirm sehen - möchten Sie die Präsentation sehen? Der Umriss? Rednernotizen? Hier ändern Sie es.

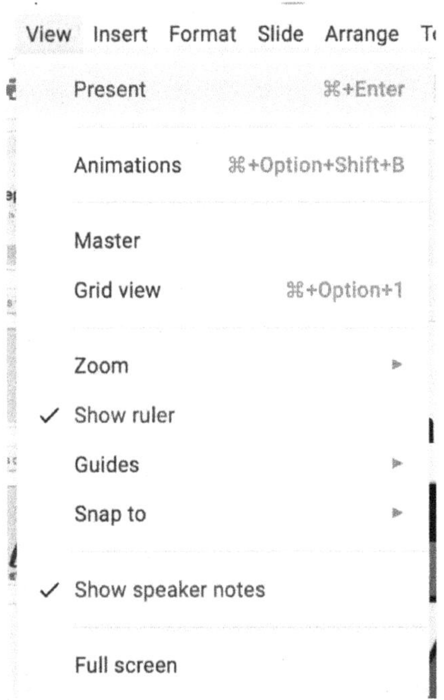

Einige der weniger offensichtlichen Ansichten:
Animationen - wir haben keine Animationen in
das Buch aufgenommen. Animationen sind nicht
genau das, was sie klingen. Es ist kein Cartoon, der
über den Bildschirm tanzt. Stellen Sie sich Animationen wie Folienübergänge vor, aber für Objekte.
Sie können also die Folie starten und dann sagen:
"Auf Klick, ich möchte, dass sich dieses Objekt
auflöst. "Es ist eine einfallsreiche Funktion, aber zu
viele Animationen können auch dazu führen, dass
sich eine Präsentation wie ein Gimmick anfühlt, also
seien Sie vorsichtig. Wenn Sie eine Animation hinzufügen möchten, klicken Sie mit der rechten
Maustaste auf das Bild oder Objekt (Objekt könnte

Text sein), das Sie animieren möchten, und wählen Sie Animieren.

In der animierten Ansicht können Sie alle Ihre Animationen sehen und auch jede einzelne bearbeiten.

Die Rasteransicht stellt einfach alle Ihre Folien in einem Raster dar. Es ist hilfreich, wenn Sie Dutzende von Folien haben und diese organisieren oder drucken müssen, aber nicht nützlich für kürzere Präsentationen.

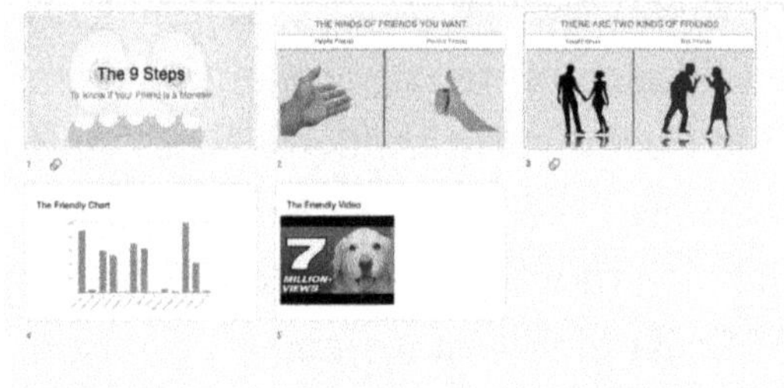

Führungen schalten Lineale ein und sind nützlich, wenn Sie etwas mit größerer Genauigkeit hinzufügen müssen.

Wir haben die meisten Funktionen im Einfüge-menü behandelt.

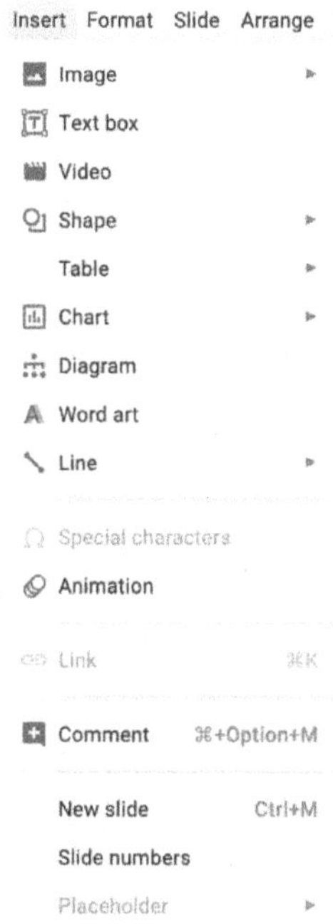

Einige derjenigen, die nicht abgedeckt sind:
- Word Art - Wenn Sie Word verwendet haben, dann sind Sie vielleicht damit vertraut; es lässt Text ein wenig mehr erscheinen, indem es ihnen ein 3D-Feeling verleiht.
- Folien-Nummern - Seitenzahlen, aber für Folien.

Sowohl das Menü Ansicht als auch das Menü Folien haben den Namen "Master"; im Menü Folien ist es "Master bearbeiten". "

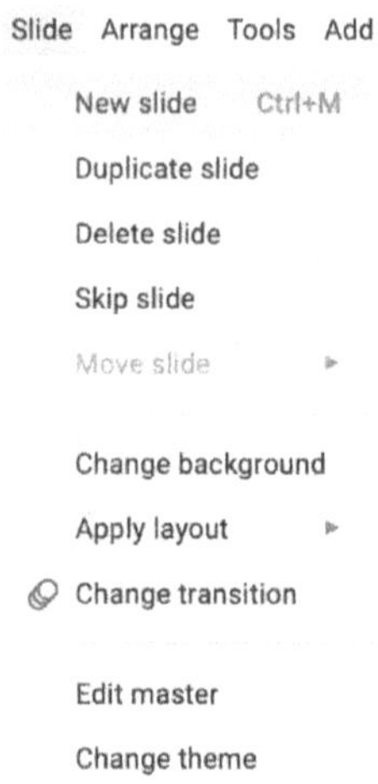

Was zum Teufel ist Meister? Es ist ein sehr technischer Bereich von Folien, in dem wahrscheinlich 90% der Benutzer nie einen Schritt hineingehen, aber es ist trotzdem gut zu wissen. Hier können Sie das Aussehen von Styles ändern. Zum Beispiel wollen sagen wir: "Wenn ich eine Rubrik 1 verwende, soll sie 30 und nicht 16 groß sein." Es spart Ihnen viel Zeit, wenn Sie an mehreren Präsentationen arbeiten.

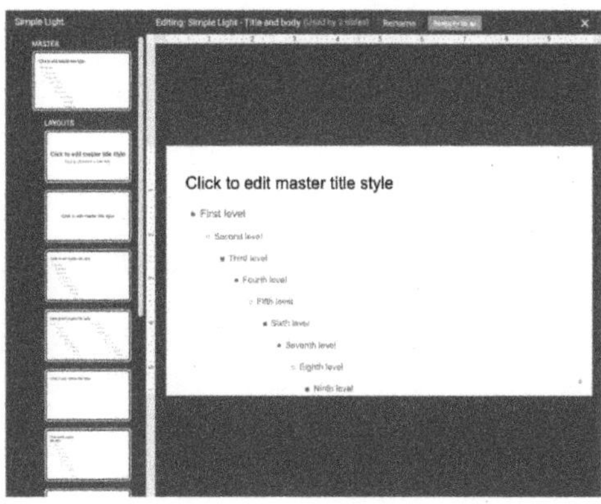

Rechtschreibprüfung und Wörterbuch finden Sie im Menü Tools; dafür gehen die meisten Leute in dieses Menü. Wenn Sie eine Q & A durchführen, ist es hilfreich zu beachten, dass es hier eine History-Option gibt. Wenn Sie die Präsentation bereits gehalten haben, würden Sie hier alle Fragen durchgehen.

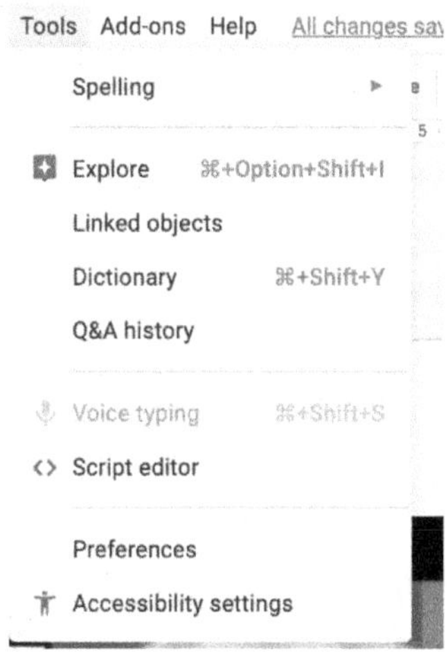

Es gibt viele Anwendungen von Drittanbietern. Diese finden Sie im Menü "Add-ons". "

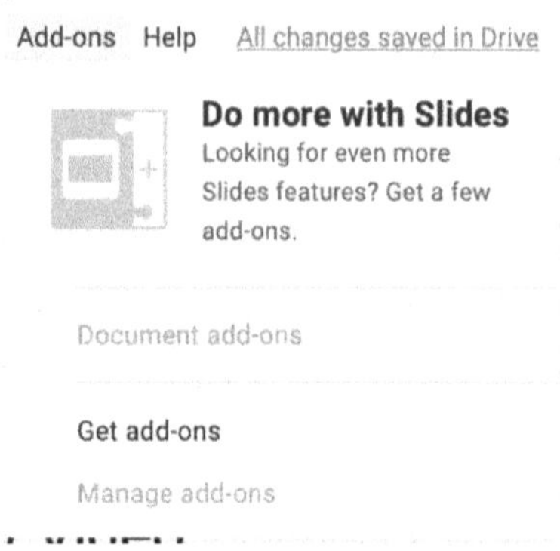

Schließlich ist das Hilfemenü natürlich die Anlaufstelle für Hilfe, aber es gibt auch hier Schulungen. Diese sind kostenlos und sehr nützlich, wenn Sie Zeit haben, mehr zu erfahren.

Benutzerdefinierte Präsentationen aus Vorlagen

Sie werden sich daran erinnern, dass Sie beim ersten Start eine leere Präsentation hinzufügen oder von einer Vorlage aus starten konnten. Wir haben nichts getan, um anzufangen. Sobald Sie sich mit Folien vertraut gemacht haben, kann das Hinzufügen aus einer Vorlage eine Menge Zeit sparen.

Um eine Vorlage hinzuzufügen, gehen Sie zu Ihrem Google-Laufwerk und wählen Sie Neu > Google Folien > Start aus einer Vorlage.

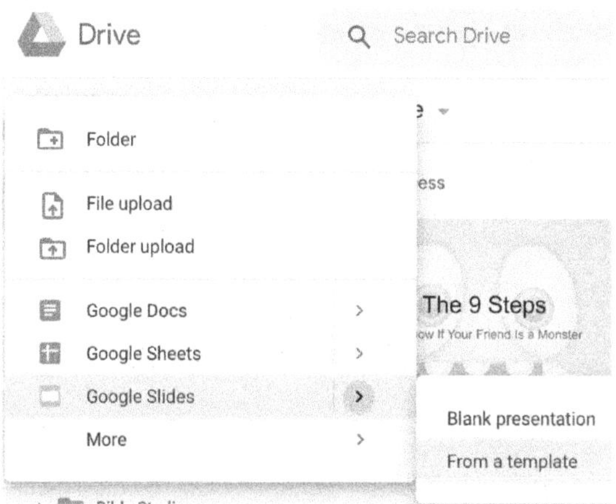

Dies führt zu einer Vorlagengalerie mit Dutzenden von verschiedenen Präsentationen. Die Idee hier ist, einen Stil zu finden, der dir gefällt, und dann in deiner eigenen Version hinzuzufügen. Lass dich von den Namen nicht täuschen. Nur weil es sagt, dass es sich um eine Hochzeitsvorlage handelt, bedeutet das nicht, dass es nicht ideal für das Geschäft ist.

Sobald Sie eine auswählen, werden Sie sofort feststellen, dass bereits mehrere Folien hinzugefügt wurden.

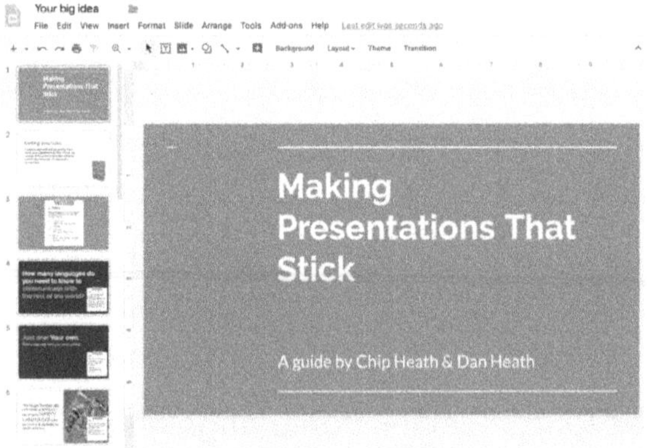

Nichts an diesen Vorlagen ist gesperrt. Was meine ich damit? Sie können buchstäblich alles an ihnen ändern - Bilder, farbige Hintergründe, Schriftgrößen, Textfelder. Jetzt, da Sie sich mit Folien auskennen, werden Sie kein Problem mehr haben, sie an Ihre Bedürfnisse anzupassen.

Die Vorlagengalerie ist schön. Es gibt eine Menge zu tun. Aber es ist nicht umfassend. Ich empfehle, es zu durchsuchen, aber Wenn Sie keine Ideen mehr haben, dann gehe an den Ort mit Millionen von Ideen: Google.

Beginnen Sie mit Googling "google slides templates. "

Es gibt nur 55.000.000.000 Ergebnisse, so dass Sie kein Problem damit haben, das in kürzester Zeit zu erledigen!

Im Ernst, ich empfehle, einige der besten Treffer zu durchsuchen, aber ich empfehle auch, die Suche speziell auf Ihre Branche auszurichten. Zum Beispiel "Google Folienvorlagen für die Bildung. "

Menschen verwenden Folien mehr als nur für Präsentationen. Sie können damit Bücher erstellen, Lebensläufe, Portfolios - es ist ein mächtiges

Werkzeug, also scheuen Sie sich nicht, über den Tellerrand zu schauen.

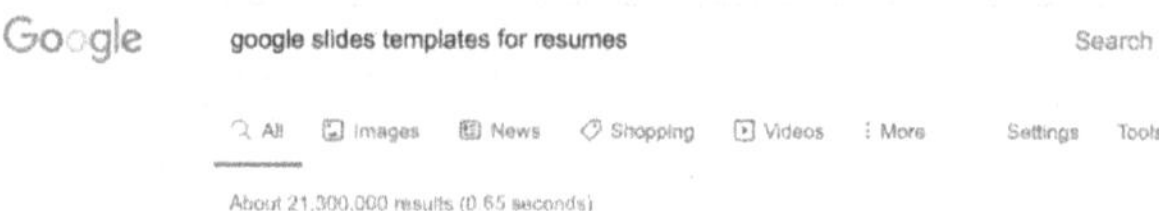

Sobald Sie etwas sehen, das Ihnen gefällt, laden Sie es herunter und laden Sie es dann als Datei auf Ihr Google-Laufwerk hoch.

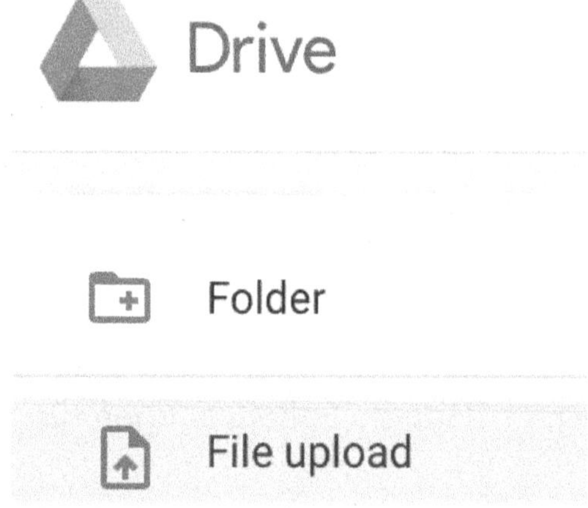

Von hier aus klicken Sie einfach mit der rechten Maustaste auf die hochgeladene Datei und öffnen sie als Folie.

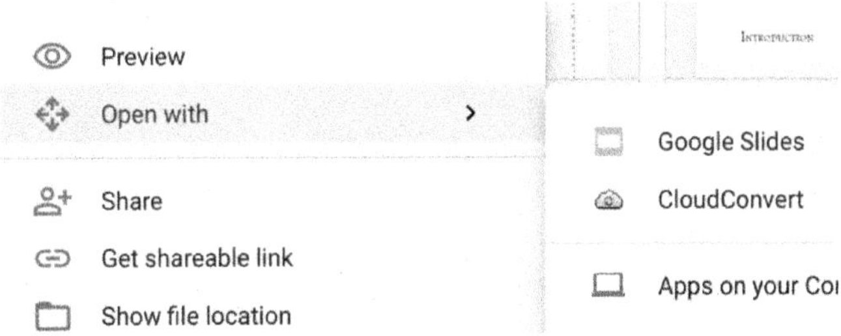

Preview

Open with

Share

Get shareable link

Show file location

INTRODUCTION

Google Slides

CloudConvert

Apps on your Co

[7]
GOOGLE SLIDES TASTENKOMBINATIONEN FÜR DIE TASTATUR

Sie können alle Tastenkombinationen in Google Slides sehen, indem Sie Hilfe > Tastenkombinationen wählen.

Zu Ihrer Information: Nachfolgend finden Sie einige der häufigsten, die Sie verwenden werden.

Gemeinsame Aktionen	
Neue Folie	**Strg + m**
Folie duplizieren	**Strg + d**
Rückgängig	**Strg + z**

Wiederholen	**Strg + y** **Strg + Um-schalt + z**
Kopieren	**Strg + c**
Schnitt	**Strg + x**
Einfügen	**Strg + v**
Link einfügen oder bearbeiten	**Strg + k**
Link öffnen	**Alt + Enter**
Löschen	**Löschen**
Alle auswählen	**Strg + a**
Finden	**Strg + f**
Suchen und Ersetzen	**Strg + h**
Öffnen.....	**Strg + o**
Drucken	**Strg + p**
Aktivieren Sie Bildunterschriften während der Präsentation.	**Strg + Um-schalt + Um-schalt + c**

Text

Fett gedruckt	**Strg + b**
Kursiv	**Strg + i**
Unterstreichen	**Strg + u**
Subskription	**Strg + ,**

Hochgestellt	**Strg + .**
Durchstreichen	**Alt + Um-schalttaste + 5**
Klare Formatierung	**Strg + ** **Strg + Leertaste**
Linke Ausrichtung	**Strg + Um-schalt + l**
Rechte Ausrichtung	**Strg + Um-schalt + r**
Mittenausrichtung	**Strg + Um-schalt + e**
Rechtfertigen	**Strg + Um-schalt + j**

Präsentieren

Hör auf zu präsentieren	**Esc**
Weiter	→
Vorherige	←
Zur jeweiligen Folie wechseln (7 gefolgt von Enter geht zu Folie 7)	**Nummer ge-folgt von Enter**
Erste Folie	**Startseite**
Letzte Folie	**Ende**

Offene Rednernotizen	**s**
Tools für ein offenes Publikum	**a**
Laserpointer umschalten	**l**
Drucken	**Strg + p**
Umschalten der Bildunter-schriften (nur Englisch)	**Strg + Um-schalt + Um-schalt + c**
Vollbildmodus umschalten	**F11**
Video-Player	
Umschalten zwischen Wiedergabe und Pause	**k**
10 Sekunden zurückspulen	**u**
Schneller Vorlauf 10 Sekunden	**o**

TEIL 5: GOOGLE-FORMULARE

[1]

GOOGLE-FORMULARE UND WENIGER VERWENDETE GOOGLE APPS

Google-Formulare

Wenn Sie beim Erstellen eines neuen Dokuments auf die Option "Mehr" klicken, ist eine sehr praktische Anwendung, die Sie sehen werden, "Google Forms. "

Mit Google Forms können Sie benutzerdefinierte Umfragen erstellen. Es ist sehr einfach und einfallsreich. Sobald Sie auf ein leeres Formular klicken, um zu beginnen, sehen Sie einen Bildschirm wie diesen:

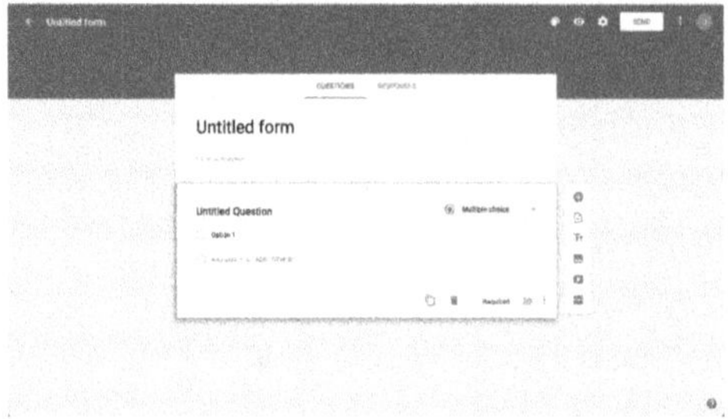

Die erste Frage ist bereits da. Sie müssen nur alle benennen - den Namen des Formulars und die Frage, was die Frage ist. Standardmäßig ist es eine Mehrfachauswahl, aber wenn Sie auf die Dropdown-Liste mit Mehrfachauswahl klicken, erhalten Sie mehrere andere Optionen:

Um eine neue Frage hinzuzufügen, klicken Sie einfach auf das "+" im Seitenmenü:

Es wird die Frage unter der vorherigen hinzugefügt, aber Sie können ihre Position ändern, indem Sie auf die sechs kleinen Kästchen klicken, um sie nach oben zu ziehen (oder wenn es mehrere Fragen gibt, unten).

* * *

Sie können dieses Seitenmenü auch verwenden, um Links, Text, Bilder, YouTube-Videos und Abschnitte hinzuzufügen.

Wenn Sie mit Ihrem Formular fertig sind und es freigeben möchten, klicken Sie auf die Schaltfläche Senden:

Daraufhin wird ein Feld angezeigt, in dem Sie angeben können, wie Sie es teilen möchten: per E-Mail, Link oder eingebettet in eine Webseite:

Um zwischen den einzelnen Elementen zu wechseln, klicken Sie einfach auf das Symbol, das anzeigt, wie Sie es sehen möchten. Die Mitte, zum

Beispiel (siehe unten), ist ein Link; das < > ist zum Einbetten in eine Webseite.

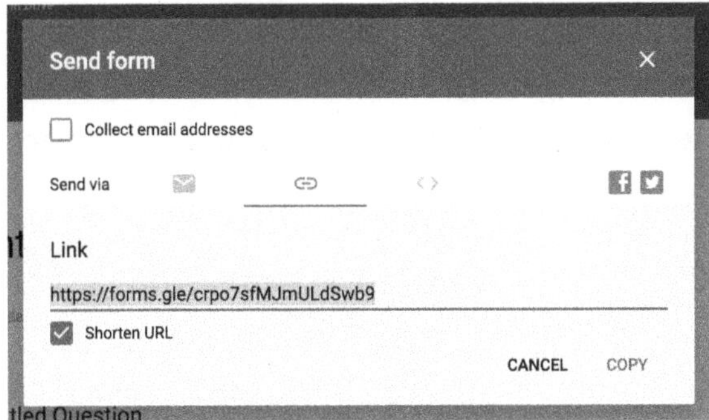

Wenn Sie in eine Webseite einbetten, können Sie die Größe anpassen:

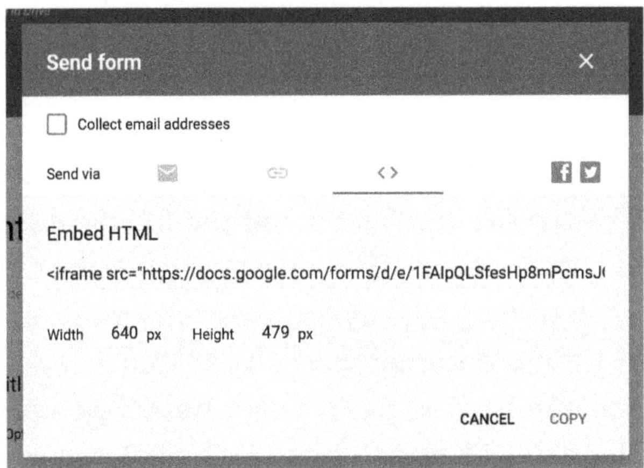

Andere Apps

Google hat vier weitere Apps in seiner Produktivitätssuite gebündelt, die hier nicht im Detail behandelt werden, aber für Ihre Referenz werde ich Ihnen erklären, was sie sind. Sie werden nicht abgedeckt, weil dieser Leitfaden dazu gedacht ist, Ihnen einen schnellen Einstieg zu ermöglichen und nur häufig verwendete Funktionen und Anwendungen zu behandeln - diese Anwendungen werden in einigen Branchen verwendet, aber von den meisten Menschen nicht weit verbreitet.

Google-Zeichnung

Der Name "Drawing" impliziert, dass diese App für alle kleinen Künstler der Welt gedacht ist - eine Online-App, die nach Herzenslust zeichnet.

Sie können zwar auf der App zeichnen, aber es ist nicht die Art von Sache, mit der Sie die nächste Mona Lisa erstellen. Google ist eine kollaborative Software und es gibt nicht wirklich einen großen Markt für die Zusammenarbeit bei Kunstwerken. Stattdessen ist Google Drawing besser geeignet für Dinge wie Flussdiagramme, Organigramme, Wireframes, Diagramme.

Google Maps

Im Gegensatz zu Google Drawing ist Google Maps genau das, was der Name impliziert: eine Google Map.

Sie Können es verwenden, um Pins und Ebenen hinzuzufügen.

Google Sites

Würden Sie nicht gerne eine Website ohne jegliche Programmierung erstellen? Nun, verschwinden Sie unter Ihrem Felsen - es gibt viel, viele Webseiten dafür: Squarespace, Wix, Weebly, um nur einige zu nennen.

Aber für diejenigen, die kostenlos und hässlich benötigen, gibt es Google Sites!

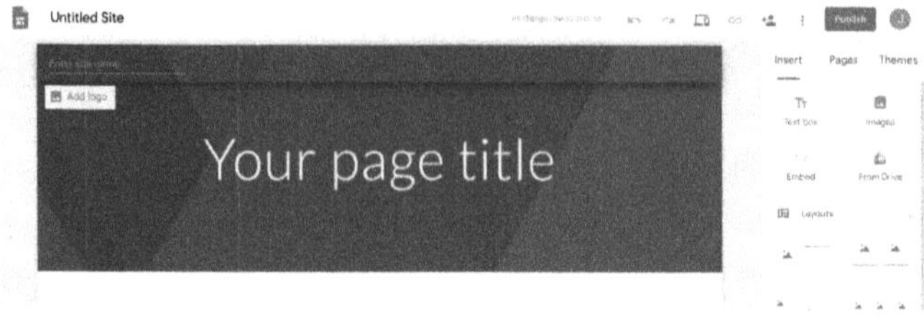

Google Sites ist nichts für Leute, die eine Webseite für ihr Unternehmen suchen. Es ist für Leute, die eine sehr einfache Seite wollen, auf der sie mit anderen zusammenarbeiten können. Es wäre zum Beispiel toll, Wenn Sie eine Fanseite für deine Lieblingsfernsehsendung erstellen würdest, und Sie möchten, dass jeder ein Teil davon ist.

Google Jamboard
Und schließlich: Jamboard.

Jamboard ist im Grunde genommen ein digitales White Board. Wenn Sie einen riesigen 4K-Fernseher montieren und Google verwenden möchten, ist dies Ihre Lösung. Sie können in Echtzeit zusammenarbeiten; es ist perfekt für Geschäftstreffen und das Erstellen von Clusterkarten, aber die Hardware ist für die meisten Verbraucher zu teuer.

ÜBER DEN AUTOR

Scott La Counte ist Bibliothekar und Schriftsteller. Sein erstes Buch, *Queit, Please: Botschaften eines öffentlichen Bibliothekars* (Da Capo 2008) waren die Wahl des Herausgebers für die Chicago Tribune und ein Discovery-Titel für die Los Angeles Times; 2011 veröffentlichte er das YA-Buch The N00b Warriors, das zum Bestseller Nr. 1 bei Amazon wurde; sein jüngstes Buch ist *#OrganicJesus: Den Weg zu einem unverarbeiteten, gentechnikfreien Christentum finden* (Kregel 2016).

Er hat Dutzende von meistverkauften Anleitungen zu technischen Produkten geschrieben.

Sie Können dich mit ihm unter ScottDouglas.org verbinden.

Milton Keynes UK
Ingram Content Group UK Ltd.
UKHW020059100624
443713UK00008B/336

9 781629 178189